云南省地方标准

公路项目政府和社会资本合作(PPP)标准招标文件

DB 53/T 2010—2015

人民交通出版社股份有限公司
China Communications Press Co.,Ltd.

图书在版编目(CIP)数据

公路项目政府和社会资本合作(PPP)标准招标文件/云南省麻昭高速公路建设指挥部，华杰工程咨询有限公司，北京大成(昆明)律师事务所主编. — 北京：人民交通出版社股份有限公司，2015.11
ISBN 978-7-114-12599-7

Ⅰ. ①公… Ⅱ. ①云… ②华… ③北… Ⅲ. ①政府投资—合作—社会资本—道路工程—基本建设项目—招标—文件—云南省 Ⅳ. ①U415.13

中国版本图书馆 CIP 数据核字(2015)第 271518 号

标准类型：云南省地方标准
标准名称：公路项目政府和社会资本合作(PPP)标准招标文件
标准编号：DB 53/T 2010—2015
主编单位：云南省麻昭高速公路建设指挥部
　　　　　华杰工程咨询有限公司
　　　　　北京大成(昆明)律师事务所
责任编辑：韩亚楠　赵瑞琴
出版发行：人民交通出版社股份有限公司
地　　址：(100011)北京市朝阳区安定门外外馆斜街 3 号
网　　址：http://www.ccpress.com.cn
销售电话：(010)59757973
总 经 销：人民交通出版社股份有限公司发行部
经　　销：各地新华书店
印　　刷：北京市密东印刷有限公司
开　　本：880×1230　1/16
印　　张：15.25
字　　数：320 千
版　　次：2015 年 11 月　第 1 版
印　　次：2016 年 1 月　第 2 次印刷
书　　号：ISBN 978-7-114-12599-7
定　　价：58.00 元

(有印刷、装订质量问题的图书由本公司负责调换)

云南省交通运输厅
云南省质量技术监督局
公 告

2015 年第 1 号

关于发布《公路项目政府和社会资本合作(PPP)标准招标文件》(DB 53/T 2010—2015)的公告

现发布《公路项目政府和社会资本合作(PPP)标准招标文件》(DB 53/T 2010—2015),自 2015 年 11 月 1 日起施行。

该规范的管理权归云南省交通运输厅,日常解释和管理工作由主编单位云南省麻昭高速公路建设指挥部负责。

请各单位在实践中注意总结经验,及时将发现的问题和修改意见函告云南省麻昭高速公路建设指挥部,以便修订时参考。

特此公告。

云南省交通运输厅
云南省质量技术监督局
2015 年 10 月 14 日

前　言

本标准由云南省麻昭高速公路建设指挥部提出。

本标准由云南省交通运输标准化技术委员会归口。

本标准起草单位：云南省麻昭高速公路建设指挥部、华杰工程咨询有限公司、北京大成(昆明)律师事务所。

本标准主要起草人员：刘和开、彭耀军、张贤康、张雄胜、陈鸿毅、龙赛琼、袁静、刘涛、王林、丁琼华、曾振伟、宋胜红、丁瑞高、曹文华。

本标准主要审查人员：解绍璋、石国虎、刘成志。

编　者

2015 年 10 月

使 用 说 明

一、为鼓励在云南省公路建设领域大力推行政府和社会资本合作(Public-Private Partnership,以下均简称:PPP)的建设模式,规范公路项目政府和社会资本合作(PPP)招标文件的编制工作,根据《中华人民共和国政府采购法》、《中华人民共和国政府采购法实施条例》、《收费公路管理条例》、《基础设施和公用事业特许经营管理办法》、《政府和社会资本合作项目政府采购管理办法》等相关法律、法规、规章和规范性文件的规定,结合云南省公路行业特点,制定《公路项目政府和社会资本合作(PPP)标准招标文件》及《公路项目政府和社会资本合作(PPP)招标标准资格预审文件》(以下简称:本标准招标文件)。

二、本标准招标文件中的社会资本是指:按国家法律、法规、规章和规范性文件的要求,可以参与政府和社会资本合作(PPP)项目的市场主体。

三、本标准招标文件中的政府和社会资本合作(PPP)模式是指:政府为增强公路通行服务的供给能力、提高供给效率,通过特许经营、购买服务、股权合作、政府补贴等方式,与社会资本建立的利益共享、风险分担及长期合作关系。

四、本标准招标文件适用于需实施特许经营,并进行招标的政府和社会资本合作(PPP)的公路项目,操作模式主要考虑了 BOT、ROT、TOT 三种常用模式,其他项目和其他模式可修改、补充相关内容后使用。

五、招标人(或招标代理,下同)根据本标准招标文件编制项目招标文件时,可根据招标项目的具体特点和实际需要,对本标准招标文件中相关条款进行修改、补充、细化。但修改、补充或细化的内容,不得违反法律、行政法规的强制性规定,不应违反公开透明、公平竞争、公正和诚实信用的原则。

六、本标准招标文件用相同序号标示的多个章、节、条、款、项、目,是供招标人根据项目实际需要选择使用的;在相关条款后加括弧并用黑体倾斜字体说明了相关条款内容的适用情形的,招标人也应根据项目实际需要选择使用;以空格标示的由招标人填写的内容,招标人应根据招标项目具体特点和实际需要填写。

七、招标人可根据招标项目具体特点和实际需要选择使用综合评分法或最低评标价法,并以醒目方式在"评标办法前附表"中标明投标人不满足其要求即导致作为无效投标的全部条款。

八、本标准招标文件中的政府和社会资本合作项目合同(以下均简称:PPP项目合同)是以国家发展改革委《政府和社会资本合作项目通用合同指南》(发改投资〔2014〕2724号)为基础,并按《基础设施和公用事业特许经营管理办法》和《财政部关于规范政府和社会资本合作合同管理工作的通知》(财金〔2014〕156号)相关规定进行完善,结合公路项目特点编制的,招标人应根据项目实际情况进行必要的修改和补充。其中,政府和社会资本合作项目合同条款中用【】加以框定的内容是上述通用合同指南的原文,保留供参考。

九、各使用单位或个人对本标准招标文件的修改意见和建议,请及时反馈编写组,电话:010-64997386,电子邮箱:redbed@sina.com。

总 目 录

第一卷 公路项目政府和社会资本合作(PPP)标准招标文件

- 第一章 招标公告/投标邀请书 ·· 7
- 第二章 投标人须知 ··· 15
- 第三章 评标办法 ·· 41
- 第四章 投资协议、政府和社会资本合作项目合同 ···················· 51
- 第五章 投标文件格式 ··· 129
- 第六章 项目基础资料 ··· 159
- 附:招标流程图 ·· 162

第二卷 公路项目政府和社会资本合作(PPP)招标标准资格预审文件

- 第一章 资格预审公告 ··· 169
- 第二章 申请人须知 ·· 179
- 第三章 资格评审办法 ··· 193
- 第四章 资格预审申请文件格式 ··· 203
- 第五章 项目基础资料(另册) ·· 229
- 附:资格预审流程图 ··· 231

第一卷 公路项目政府和社会资本合作（PPP）标准招标文件

<u>（项目名称）</u>政府和社会资本合作(PPP)

招 标 文 件

招标人：_____（盖单位章）

_____年 ____ 月 ____ 日

目　　录

第一章　招标公告/投标邀请书 …………………………………………………… 7
- 1. 招标条件 …………………………………………………………………………… 9
- 2. 项目概况与招标范围 ……………………………………………………………… 9
- 3. 投标人资格要求 …………………………………………………………………… 10
- 4. 招标文件的获取 …………………………………………………………………… 12
- 5. 投标文件的递交及相关事宜 ……………………………………………………… 12
- 6. 发布公告的媒介 …………………………………………………………………… 12
- 7. 政府采购政策及投标担保、履约担保 …………………………………………… 12
- 8. 联系方式 …………………………………………………………………………… 13

第二章　投标人须知 …………………………………………………………………… 15
- 投标人须知前附表 …………………………………………………………………… 17
- 本章附录 ……………………………………………………………………………… 23
  - 附录1　资格审查条件(法人资格) ……………………………………………… 23
  - 附录2　资格审查条件(财务状况) ……………………………………………… 24
  - 附录3　资格审查条件(投融资能力) …………………………………………… 25
  - 附录4　资格审查条件(商业信誉) ……………………………………………… 26
  - 附录5　资格审查条件(其他要求) ……………………………………………… 27
- 1. 总则 ………………………………………………………………………………… 28
- 2. 招标文件 …………………………………………………………………………… 29
- 3. 投标文件 …………………………………………………………………………… 31
- 4. 投标 ………………………………………………………………………………… 34
- 5. 开标 ………………………………………………………………………………… 35
- 6. 评标与中标 ………………………………………………………………………… 36
- 7. 合同授予 …………………………………………………………………………… 37
- 8. 重新招标 …………………………………………………………………………… 39
- 9. 纪律和监督 ………………………………………………………………………… 39

10. 其他规定	40

第三章　评标办法（综合评分法） 43
评标办法前附表 43
1. 评标方法 46
2. 评审标准 46
3. 评标程序 46

第三章　评标办法（最低评标价法/最低回报法） 48
评标办法前附表 48
1. 评标方法 49
2. 评审标准 49
3. 评标程序 49

第四章　投资协议、政府和社会资本合作项目合同 51
第一节　投资协议 53
第二节　政府和社会资本合作项目合同 58
A. 协议书 58
B. 政府和社会资本合作项目合同条款 60
第三节　资金管理协议书格式 123
第四节　投资人履约银行保函格式 125
第五节　建设期履约银行保函格式 126
第六节　运营期履约银行保函格式 127

第五章　投标文件格式 129
1. 投标函 135
2. 法定代表人身份证明或法定代表人的授权委托书 137
3. 联合体协议书 139
4. 投标保证金 140
5. 关于投资协议、PPP项目合同条款的建议 141
6. 投标文件附表格式 142
7. 项目实施计划 156
8. 其他资料 158

第六章　项目基础资料 159
附：招标流程图 162

第一章 招标公告/投标邀请书

第一章 招标公告/投标邀请书

_____(项目名称)政府和社会资本合作(PPP)招标公告/投标邀请书

_____(被邀请单位名称):

1. 招标条件

本招标项目_____(项目名称)已完成政府和社会资本合作(Public-Private Partnership,以下均简称:PPP)实施方案编制,通过了财政部门(或政府和社会资本合作中心)的物有所值及财政承受能力验证,并由_____(政府机关名称)以_____(批准文号)批准采用政府和社会资本合作(PPP)模式实施。招标人是经_____(政府机关名称)授权的项目实施机构_____(政府职能部门或事业单位名称)。项目已具备招标条件,现对该项目的社会资本进行公开招标。

本公告所称社会资本是指:按国家法律、法规、规章和规范性文件的要求,可以参与政府和社会资本合作(PPP)项目的市场主体。

2. 项目概况与招标范围

2.1 项目概况(招标人根据项目前期工作成果提供的项目信息,仅供投标人参考,不应作为投标人投资、决策的依据,投标人应自行调查、评估项目风险,并自主决策。)

简述项目建设地点、建设规模、技术标准、建设工期、项目投资估算[①]等。

2.2 招标范围

2.2.1 本次招标范围为_____(项目名称)的社会资本,具体操作模式见本公告2.2.2款。

2.2.2 本项目采用政府和社会资本合作,具体操作模式为建设—运营—移交(Build-Operate-Transfer,简称:BOT)模式。投标人中标后,政府将按法律、法规、政策及合同规定授予投标人投资、建设、运营本项目的特许权,包括投资建设权、运营期的收费权、公路附属设施经营权等。投标人作为社会资本应按《中华人民共和国公司法》及其他相关法律、法规、政策和合同规定出资组建项目公司,由项目公司对项目的筹划、资金筹措、建设实施、运营管理、债务偿还、资产管理和项目移交等全过程负责,自主经营,自负盈亏,并在PPP项目合同(即特许经营协议,下同)规定的特许经营期满后,按照PPP项目

[①]项目投资估算最终以政府核准或批准的金额为准。

合同的约定将公路(含土地使用权)、公路附属设施及相关资料等,按合同规定无偿移交给交通运输主管部门。

2.2.2 本项目采用政府和社会资本合作,具体操作模式为改建—运营—移交(Rehabilitate-Operate-Transfer,简称:ROT)模式。投标人中标后,政府将按法律、法规、政策及合同规定授予投标人投资、改建、运营本项目的特许权,包括投资建设权、运营期的收费权、公路附属设施经营权等。投标人作为社会资本应按《中华人民共和国公司法》及其他相关法律、法规、政策和合同规定出资组建项目公司,由项目公司对项目改建的筹划、资金筹措、建设实施、运营管理、债务偿还、资产管理和项目移交等全过程负责,自主经营,自负盈亏,并在PPP项目合同规定的特许经营期满后,按照PPP项目合同的约定将公路(含土地使用权)、公路附属设施及相关资料等,按合同规定无偿移交给交通运输主管部门。

2.2.2 本项目采用政府和社会资本合作,具体操作模式为转让—运营—移交(Transfer-Operate-Transfer,简称:TOT)模式。投标人中标后,政府将按法律、法规、政策及合同规定授予投标人投资、运营本项目的特许权,包括投资权、运营期的收费权、公路附属设施经营权等。投标人作为社会资本应按《中华人民共和国公司法》及其他相关法律、法规、政策和合同规定出资组建项目公司,由项目公司对项目转让的筹划、资金筹措、运营管理、债务偿还、资产管理和项目移交等全过程负责,自主经营,自负盈亏,并在PPP项目合同规定的特许经营期满后,按照PPP项目合同的约定将公路(含土地使用权)、公路附属设施及相关资料等,按合同规定无偿移交给交通运输主管部门。

2.2.2 本项目采用政府和社会资本合作,具体操作模式为:_____(采用BOT、ROT、TOT之外的其他模式的,应在此说明)。

2.2.3 政府参股项目公司的,政府将与社会资本共同出资组建项目公司。其中政府出资人代表为:_____(单位名称),出资方式为:_____(实物出资、现金出资等),出资额为:_____元,出资时间为:_____。

2.2.4 政府提供补贴的,补贴金额或补贴金额确定方式为:_____,补贴形式为:_____,补贴时间为:_____。

2.2.5 政府付费的,付费金额或付费金额确定方式为:_____,付费形式为:_____,付费时间为:_____。

2.2.6 按相关法律、法规的规定,本项目社会资本具备相应的资质和能力,依法能够自行建设、生产或者提供本项目的施工、货物或勘察设计服务的,本项目相应的施工、货物或勘察设计服务将由社会资本自行承担,不再招标。上述施工、货物或勘察设计服务的价格将根据PPP项目合同约定的原则和方法确定。

3. 投标人资格要求

3.1 本次招标_____(接受或不接受)未参加资格预审的投标人参加投标。

3.2 已经通过本项目政府和社会资本合作(PPP)资格预审,并回函确认参加投标的投标人(**适用于已进行资格预审且不接受未参加资格预审的投标人参与投标的项目的**

项目)。

3.2 本次招标要求投标人具备的资格条件包括(**适用于接受未参加资格预审的投标人参与投标的项目**)[①]:

3.2.1 在中国境内/境外[②]依法注册的企业法人或其他组织,且合法存续,没有处于被吊销营业执照、责令关闭或者被撤销等不良状态。

3.2.2 年度财务报告应当经具有法定资格的中介机构审计,_____年末总资产_____亿元人民币以上(或等值货币,汇率以招标公告发布之日中国银行外汇牌价中卖出价为准,下同),净资产_____亿元人民币以上,资产负债率小于_____%[③];近_____年均为盈利且经营性现金净流量均为正值,没有处于财产被接管、冻结、破产或其他不良状态、无重大不良资产或不良投资项目。

3.2.3 具有不低于项目投资估算的投融资能力,其中投资能力不低于____元,融资能力不低于:项目估算－投标人拟投资金额[④]。

3.2.4 商业信誉良好,在经济活动中无重大违法违规行为,近三年内财务会计资料无虚假记载、银行和税务信用评价系统或企业信用系统中无不良记录,且未被省级及以上交通运输主管部门取消项目所在地的投标资格或禁止进入该区域公路建设市场且处罚期未满的。

3.2.5 对拟自行承担本项目的施工、货物提供或勘察设计服务的社会资本的资质和能力要求为:_____(资质、业绩、人员等)。

3.2.6 联合体投标的,联合体牵头人及成员应满足的资格条件:_____。

3.3 联合体投标的规定(**适用于接受未参加资格预审的投标人参与投标的项目**)。

3.3.1 本次招标_____(接受或不接受)联合体投标。联合体所有成员数量不得超过_____家[⑤]。

3.3.2 联合体各方不得再以自己名义单独或参加其他联合体在本次招标中投标,否则,相关投标均视为无效投标。

3.3.3 联合体投融资能力,按照联合体协议约定的出资比例加权总和确定。

3.3.4 联合体各方均应符合本招标公告第3.2.6款规定的联合体投标的资格条件要求。

3.3.5 联合体牵头人应当作为项目公司投资控股方。

3.4 招标人将视具体情况,按照规定组织对符合条件的社会资本的资格条件进行考察核实,投标人应予以配合。

[①] 招标人应根据招标项目的规模和项目投资估算设定投标人需具备的资格条件,但一般不应低于交通运输部《经营性公路建设项目投资人招标投标管理规定》第十九条规定的基本条件。对于涉及使用财政资金的项目,招标人应邀请社会资本和与其合作的金融机构共同参与投标,并在投标文件中附其合作金融机构的相关资料。

[②] 接受境外企业参加投标的,可根据招标项目具体特点设置相应资格条件。

[③] 资产负债率一般应不大于85%。

[④] 政府不提供投资补助作为项目资本金的项目,投标人的投资能力应不小于国家关于项目资本金的规定;政府提供投资补助作为部分项目资本金的项目,投标人的投资能力应不小于差额部分资本金的额度。

[⑤] 考虑到联合体内部协调等因素,招标人可根据实际情况规定联合体所有成员的最多数量。

4. 招标文件的获取

4.1 凡有意参加投标者,请于_____年_____月_____日至_____年_____月_____日(法定公休日、法定节假日除外),每日上午_____时至_____时,下午_____时至_____时(北京时间,下同),在_____(详细地址)持企业法人或其他组织营业执照副本原件、单位介绍信、经办人身份证及上述资料复印件一套,购买招标文件。联合体参加投标的,应由联合体牵头人报名参加本项目投标,并提供所有联合体成员的上述证件及资料。

4.2 招标文件、参考资料每套售价人民币_____元,售后不退①。

5. 投标文件的递交及相关事宜

5.1 招标人将于下列时间和地点组织现场考察并召开答疑会。
现场考察时间:_____年_____月_____日_____时,集合地点:_____(详细地址);现场考察注意事项:_____(是否需投标人自带交通工具、安全提示、免责条款等)。
答疑会时间:_____年_____月_____日_____时,会议地点:_____(详细地址)。

5.2 投标文件递交的截止时间(投标截止时间,下同)为_____年_____月_____日_____时_____分,投标人应于当日_____时_____分至_____时_____分将投标文件递交至_____(详细地址)②。

5.3 逾期送达的,或者未送达指定地点的,或者不按照招标文件要求密封的投标文件,招标人将拒绝接收。

6. 发布公告的媒介

本次招标公告同时在_____(发布媒介名称、网址等)发布③。

7. 政府采购政策及投标担保、履约担保

7.1 本项目对本国社会资本的优惠措施及幅度为:_____。

7.2 境外社会资本在项目建设、运营过程中应执行我国相关采购政策,采购本国货物和服务。

7.3 参加本项目投标将需按要求提交投标担保,投标担保金额:_____元;

---

①招标文件、参考资料应只计工本费,售价一般不应超过1000元人民币。
②项目所在地管理部门有规定项目应进入交易中心(或招标中心)交易的,应从其规定。
③招标人必须注明所有发布招标公告的媒介名称。对于涉及使用财政资金的项目,招标公告应在省级以上人民政府财政部门指定的媒体上发布。

投标担保的形式：_____（现金或保函等）；取得本项目中标资格的投标人应在合同签订前，按约定提供履约担保，履约担保金额为：_____元，形式为：_____（现金或保函等）。

8. 联系方式

招 标 人：_____	招标代理机构：_____
地 址：_____	地 址：_____
邮政编码：_____	邮政编码：_____
联 系 人：_____	联 系 人：_____
电 话：_____	电 话：_____
传 真：_____	传 真：_____
电子邮箱：_____	电子邮箱：_____

_____年 ___月 ___日

第二章　投标人须知

第二章 投标人须知

投标人须知前附表[①]

条款号	条款名称	编列内容
1.1.2	招标人	名　　称： 地　　址： 联系人： 电　　话： 传　　真： 电子邮箱：
	招标代理机构	名　　称： 地　　址： 联系人： 电　　话： 传　　真： 电子邮箱：
	项目名称	
	项目地点	
1.2	项目投资金额及资金来源	（1）项目投资金额估算价为_____元,项目资本金应不低于项目总投资的_____%。其中项目资本金应满足国家的相关规定并由投标人自筹或按招标公告第2.2.4款规定,由政府提供部分补贴。(*适用于BOT、ROT模式的项目*) （2）项目投资金额为：_____元（资产评估价格）。(*适用于TOT模式的项目*)
	招标范围	本次招标范围为_____（项目名称）的社会资本。
1.3.1	操作模式	（1）本项目采用政府和社会资本合作,具体操作模式为建设—运营—移交（BOT）模式。投标人中标后,政府将按法律、法规、政策及合同规定授予投标人投资、建设、运营本项目的特许权,包括投资建设权、运营期的收费权、公路附属设施经营权等。投标人作为社会资本应按《中华人民共和国公司法》及其他相关法律、法规、政策和合同规定出资组建项目公司,由项目公司对项目的筹划、资金筹措、建设实施、运营管理、债务偿还、资产管理和项目移交等全过程负责,自主经营,自负盈亏,并在PPP项目合同规定的特许经营期满后,按照PPP项目合同的约定将公路（含土地使用权）、公路附属设施及相关资料等按合同规定无偿移交给交通运输主管部门。

[①]"投标人须知前附表"用于进一步明确正文中的未尽事宜,由招标人根据招标项目具体特点和实际需要编制和填写,但务必做到与招标文件中其他章节衔接。

"投标人须知前附表"中的附录表格同属"投标人须知前附表"内容,具有同等效力。

续上表

条款号	条款名称	编列内容
1.3.1	操作模式	（1）本项目采用政府和社会资本合作,具体操作模式为改建—运营—移交(ROT)模式。投标人中标后,政府将按法律、法规、政策及合同规定授予投标人投资、改建、运营本项目的特许权,包括投资建设权、运营期的收费权、公路附属设施经营权等。投标人作为社会资本应按《中华人民共和国公司法》及其他相关法律、法规、政策和合同规定出资组建项目公司,由项目公司对项目改建的筹划、资金筹措、建设实施、运营管理、债务偿还、资产管理和项目移交等全过程负责,自主经营,自负盈亏,并在PPP项目合同规定的特许经营期满后,按照PPP项目合同的约定将公路(含土地使用权)、公路附属设施及相关资料等按合同规定无偿移交给交通运输主管部门。 （1）本项目采用政府和社会资本合作,具体操作模式为转让—运营—移交(TOT)模式。投标人中标后,政府将按法律、法规、政策及合同规定授予投标人投资、运营本项目的特许权,包括投资权、运营期的收费权、公路附属设施经营权等。投标人作为社会资本应按《中华人民共和国公司法》及其他相关法律、法规、政策和合同规定出资组建项目公司,由项目公司对项目转让的筹划、资金筹措、运营管理、债务偿还、资产管理和项目移交等全过程负责,自主经营,自负盈亏,并在PPP项目合同规定的特许经营期满后,按照PPP项目合同的约定将公路(含土地使用权)、公路附属设施及相关资料等按合同规定无偿移交给交通运输主管部门。 （1）本项目采用政府和社会资本合作,具体操作模式为：_____（采用BOT、ROT、TOT之外的其他模式的,应在此说明）。 （2）政府参股项目公司的,政府将与社会资本共同出资组建项目公司。其中政府出资人代表为：_____（单位名称）,出资方式为：_____（实物出资、现金出资等）,出资额为：_____元,出资时间为：_____。 （3）政府提供补贴的,补贴金额或补贴金额确定方式为：_____,补贴形式为：_____,补贴时间为：_____。 （4）政府付费的,付费金额或付费金额确定方式为：_____,付费形式为：_____,付费时间为：_____。
	特许经营权	（1）采用建设—运营—移交(BOT)模式的,投标人中标后,政府将按法律、法规、政策及合同规定授予投标人投资、建设、运营本项目的特许权,包括投资建设权、运营期的收费权、公路附属设施经营权等。 （1）采用改建—运营—移交(ROT)模式的,投标人中标后,政府将按法律、法规、政策及合同规定授予投标人投资、改建、运营本项目的特许权,包括投资建设权、运营期的收费权、公路附属设施经营权等。

续上表

条款号	条款名称	编 列 内 容
1.3.1	特许经营权	（1）采用转让—运营—移交（TOT）模式的，投标人中标后，政府将按法律、法规、政策及合同规定授予投标人投资、运营本项目的特许权，包括投资权、运营期的收费权、公路附属设施经营权等。 （1）采用政府和社会资本合作其他模式的，投标人中标后，政府将按法律、法规、政策及合同规定授予投标人的特许权包括：＿＿＿＿＿＿（采用BOT、ROT、TOT之外的其他模式的,应在此说明）。
	特许经营期	（1）采用建设—运营—移交（BOT）模式的，特许经营期分为建设期和运营期（含收费期）两个阶段，其中： 建设期：＿＿＿＿年，自项目开工日起至交工日止； 运营期（含收费期）：自交工日起至项目移交日止，其中收费期自本项目收费许可颁布之日起至项目移交日止，以中标人投标的收费期为准，收费期最长不得超过＿＿＿＿年①。 （1）采用改建—运营—移交（ROT）模式的，特许经营期分为建设期和运营期（含收费期）两个阶段，其中： 建设期：＿＿＿＿年，自项目开工日起至交工日止； 运营期（含收费期）：自交工日起至项目移交日止，其中收费期自本项目收费许可颁布之日起至项目移交日止，以中标人投标的收费期为准，收费期最长不得超过＿＿＿＿年。 （1）采用转让—运营—移交（TOT）模式的，特许经营期即运营期（收费期）： 运营期（收费期）：自政府将项目移交社会资本之日起至社会资本将项目移交给政府之日止，其中收费期自本项目收费许可颁布之日起至项目移交日止，以中标人投标的收费期并经有权政府部门批复的为准。 （1）采用政府和社会资本合作其他模式的，特许经营期为： ＿＿＿＿＿＿＿＿（采用BOT、ROT、TOT之外的其他模式的，应在此说明）。
	绩效目标要求	（1）工期目标：＿＿＿＿＿＿。（适用于BOT、ROT模式的项目） （2）交工验收的工程质量目标：＿＿＿＿＿＿。（适用于BOT、ROT模式的项目） （3）竣工验收的工程质量目标：＿＿＿＿＿＿。（适用于BOT、ROT模式的项目） （4）运营养护目标：＿＿＿＿＿＿。（适用于BOT、ROT、TOT模式的项目） （5）服务质量目标：＿＿＿＿＿＿。（适用于BOT、ROT、TOT模式的项目） （6）其他绩效目标：＿＿＿＿＿＿。

---

① 收费期的最长年限不得超过《收费公路管理条例》的规定。

续上表

条款号	条款名称	编列内容
1.4.1	投标人法人资格、财务状况、投融资能力、商业信誉和其他要求等	(1)法人资格:见本章附录1 (2)财务状况:见本章附录2 (3)投融资能力:见本章附录3 (4)商业信誉:见本章附录4 (5)其他要求:见本章附录5①
1.4.2	联合体	□不接受 □接受,但联合体所有成员数量不得超过_____家 还应满足下列要求:_____
1.8.1	现场考察	□不组织 □组织,现场考察时间:_____ 　现场考察集合地点:_____ 　现场考察注意事项:_____
1.9.1	投标答疑会	□不召开 □召开,召开时间:_____ 　召开地点:_____
2.1	构成招标文件的其他材料	
2.2.1	投标人要求澄清招标文件的截止时间	递交投标文件截止之日_____天前
2.2.2	投标截止时间	_____年____月____日____时____分
2.2.3	投标人确认收到招标文件澄清的时间	收到澄清后24小时内(以发出时间为准)
2.3.2	投标人确认收到招标文件修改的时间	收到修改后24小时内(以发出时间为准)
3.1.5	政府用于项目前期工作的费用(适用于BOT、ROT模式的项目)	本项目政府用于项目前期的费用采用:方式一或方式二或其他方式确定。 方式一:按总额人民币_____元,由政府包干使用,超出部分项目不再承担,节支部分归政府所有; 方式二:以相关合同或票据为基础,按实际发生的金额,经招标人和投标人均认可的第三方审核机构审核确定的金额为准,并纳入项目支付。 其他方式:_____
3.1.6	征地拆迁方式(适用于BOT、ROT模式的项目)	本项目征地拆迁工作采用:方式一或方式二或其他方式。 方式一:政府将负责本项目工程建设用地的征用及拆迁工作,费用标准按照政府届时公布的标准执行,数量以实际发生为准,据实结算。 方式二:政府将负责本项目工程建设用地的征用及拆迁工作,征地拆迁的有关费用为_____元人民币,由政府包干使用。 其他方式:_____(约定其他征地拆迁方式)。

①其他要求由招标人在满足国家相关法律法规前提下,根据招标项目具体特点和实际情况确定。

第二章 投标人须知

续上表

条款号	条款名称	编 列 内 容
3.2.1	投标有效期	自递交投标文件截止之日起计算_____天①
3.3.1	投标担保	投标担保金额②：_____ 投标担保形式：_____ 投标担保递交截止时间： _____年_____月_____日_____时之前
3.4.3	申请人需密封提供审核的证件及证明材料原件	
3.6.5	投标文件副本份数	____份，另加1份投标文件电子文件(U盘，如需要)
4.1.2	封套上写明	内层封套： 投标人邮政编码：_____ 投标人地址：_____ 投标人名称：_____ 投标人联系人：_____ 投标人联系电话：_____ 招标人地址及名称：_____(寄) 外层封套： 招标人地址：_____ 招标人名称：_____ _____(项目名称)招标投标文件 在_____年_____月_____日_____时_____分前不得开启
4.2.2	递交投标文件地点	
4.2.6	招标人通知延后投标截止时间的时间	原定投标截止时间7天前
5.1	开标时间和地点	开标时间：同投标截止时间 开标地点：_____
5.2.1	开标程序	(4)密封情况检查③：_____ (5)开标顺序：_____
6.1	评标委员会的组建	评标委员会构成：_____人，其中招标人代表_____人，专家_____人
6.3	评标办法	□ 综合评分法 □ 最低评标价法(最短收费期限法)
6.5	中标候选人公示媒介	

---

① 投标有效期一般为90~180天。
② 投标保证金的额度不得超过项目估算金额的2%。
③ 投标文件的密封情况可由监标人或投标人代表检查。

续上表

条款号	条款名称	编列内容
7.1.1	投资人履约担保	投资人履约担保金额：_____① 投资人履约担保形式： □ 银行保函 □ 现金（电汇或银行汇票形式） 采用银行保函时，出具投资人履约担保的银行级别：_____
7.2.1	签订投资协议时间	中标通知书签发后 30 天内
7.3.1	组建项目公司期限	投资协议签订之日起_____天内
7.3.1	项目公司设立时的实收资本占注册资本的比例	_____%②
7.3.1	项目公司实收资本达到项目资本金的全额的时间	自项目公司成立之日起_____天内
7.4	建设期履约担保	建设期履约担保金额：_____③ 建设期履约担保形式：_____ □银行保函 □现金（电汇或银行汇票形式） 采用银行保函时，出具建设期履约担保的银行级别：_____
7.5.1	与项目公司签订PPP项目合同时间	项目公司注册登记并完成项目核准手续后_____天内
7.6.1	运营期履约担保	运营期履约担保金额：_____④ 运营期履约担保形式：_____ □银行保函 □ 现金（电汇或银行汇票形式） 采用银行保函时，出具建设期履约担保的银行级别：_____
9.5	监督部门	监督部门：_____ 地　　址：_____ 电　　话：_____ 传　　真：_____ 邮政编码：_____ 电子邮箱：_____
需要补充的其他内容		

①投资人履约保证金的金额一般可设置为项目资本金出资额的10%。
②一般可设置为不低于注册资本的20%。
③BOT、ROT项目一般可设置为不低于资本金的10%，TOT项目可参考上述比例合理设置。
④BOT、ROT项目一般可设置为不低于资本金的5%，TOT项目可参考上述比例合理设置。

第二章 投标人须知

本章附录

附录1 资格审查条件(法人资格)

资 格 条 件
在中国境内/境外依法注册的企业法人或其他组织,且合法存续,没有处于被吊销营业执照、责令关闭或者被撤销等不良状态。

注:接受联合体投标的,可按联合体成员分别要求。

附录2 资格审查条件(财务状况)

资 格 条 件
年度财务报告应当经具有法定资格的中介机构审计，_____年末总资产_____亿元人民币以上(或等值货币，汇率以招标公告发布之日中国银行外汇牌价中卖出价为准，下同)，净资产_____亿元人民币以上，资产负债率小于_____%[①]；近_____年均为盈利且经营性现金净流量均为正值，没有处于财产被接管、冻结、破产或其他不良状态、无重大不良资产或不良投资项目。

注：接受联合体投标的，可按联合体成员分别要求。

[①] 资产负债率一般应不大于85%。

附录3 资格审查条件(投融资能力)

资 格 条 件
具有不低于项目投资估算的投融资能力,其中投资能力不低于_____元,融资能力不低于:项目估算－投标人拟投资金额。

注:接受联合体投标的,可按联合体成员分别要求。

附录4 资格审查条件(商业信誉)

资 格 条 件
商业信誉良好,在经济活动中无重大违法违规行为,近3年内财务会计资料无虚假记载、银行和税务信用评价系统或企业信用系统中无不良记录,近3年内无骗取中标或严重违约或重大工程质量问题或重大安全生产责任事故,未被省级及以上交通运输主管部门取消项目所在地的投标资格或禁止进入该区域公路建设市场且处罚期未满的。

注:接受联合体投标的,可按联合体成员分别要求。

附录5 资格审查条件(其他要求)

资 格 条 件
(1)经人民检察院查询,投标人及其法定代表人自本项目资格预审公告发出之日起前2年均无行贿犯罪记录; (2)对拟自行承担本项目的施工、货物提供或勘察设计服务的社会资本的资质和能力要求为:_____(如资质、业绩、人员等); (3)……

注:接受联合体投标的,可按联合体成员分别要求。

1. 总则

1.1 项目概况

1.1.1 根据《中华人民共和国政府采购法》等有关法律、法规和规章的规定,本招标项目已具备招标条件,现对本项目社会资本进行招标。

1.1.2 本招标项目招标人、招标代理机构、项目名称及项目地点:见投标人须知前附表。

1.2 资金来源

本项目投资金额及资金来源:见投标人须知前附表。

1.3 招标范围、特许经营期和绩效目标要求

本次招标范围、操作模式、特许经营权、特许经营期及绩效目标要求:见投标人须知前附表。

1.4 投标人资格要求

1.4.1 本项目对投标人法人资格、财务状况、投融资能力、商业信誉和其他要求:见投标人须知前附表。

1.4.2 投标人须知前附表规定接受联合体投标的,联合体各方应遵守投标人须知前附表的要求和以下规定:

(1)联合体各方必须按招标文件提供的格式签订联合体协议书,明确联合体牵头人和各方的权利义务、出资额或出资比例,联合体牵头人应当作为项目公司投资控股方;

(2)联合体投融资能力按照联合体协议书的出资比例加权总和确定,联合体各方均应符合本章第1.4.1项规定的其他资格条件要求;

(3)联合体各方不得再以自己名义单独或加入其他联合体在同一项目中投标,否则,相关投标均无效;

(4)联合体各方应分别按照本招标文件的要求,填写投标文件中的相应表格,并由联合体牵头人负责对联合体各成员的资料进行统一汇总后一并提交给招标人;联合体牵头人所提交的投标文件应认为已代表了联合体各成员的意愿和真实情况;

(5)尽管委任了联合体牵头人,但联合体各成员在投标、签约与履行合同过程中,仍负有连带的和各自的法律责任。

1.4.3 投标人不得存在下列情形之一:

(1)为本项目提供招标代理服务的;

(2)与本项目的招标代理机构同为一个法定代表人的。

1.5 费用承担

投标人准备和参加投标活动发生的所有费用自理。

1.6　保密

参与招标投标活动的各方应对招标文件和投标文件中的商业和技术等秘密保密,违者应对由此造成的后果承担法律责任。

1.7　语言文字

除专用术语外,与招标投标有关的语言均使用中文。必要时专用术语应附有中文注释。

1.8　现场考察

1.8.1　投标人须知前附表规定组织现场考察的,招标人按投标人须知前附表规定的时间、地点组织投标人考察项目现场。

1.8.2　投标人现场考察发生的费用自理。

1.8.3　除招标人的原因外,投标人自行负责在现场考察中所发生的人员伤亡和财产损失。

1.8.4　招标人在现场考察中介绍的工程场地和相关的周边环境情况,供投标人在编制投标文件时参考,招标人不对投标人据此作出的判断和决策负责。

1.9　答疑会

1.9.1　投标人须知前附表规定召开答疑会的,招标人按投标人须知前附表规定的时间和地点召开答疑会,澄清投标人提出的问题。

1.9.2　投标人应以书面形式(包括信函、传真、电子邮件等可以有形地表现所载内容的形式,下同)将提出的问题送达招标人,以便招标人澄清。

1.9.3　答疑会后,招标人在投标人须知第2.2.2项规定的时间内,将对投标人所提问题的澄清,以书面方式通知所有购买招标文件的投标人。该澄清内容为招标文件的组成部分。

2. 招标文件

2.1　招标文件的构成

本招标文件包括:
(1)招标公告;
(2)投标人须知;
(3)评标办法;
(4)投资协议、政府和社会资本合作项目合同;
(5)投标文件格式;
(6)项目基础资料。

根据本章第1.9款、第2.2款和第2.3款对招标文件所作的澄清、修改,统称为"补遗书",构成招标文件的组成部分。

当招标文件、招标文件的澄清或修改等在同一内容的表述上不一致时,以最后发出的书面文件为准。

2.2 招标文件的澄清

2.2.1 投标人应仔细阅读和检查招标文件的全部内容。如发现缺页或附件不全,应及时向招标人提出,以便补齐。如有疑问,应以书面形式要求招标人对招标文件予以澄清。

2.2.2 招标文件的澄清内容可能影响投标文件编制的,招标人应当在投标人须知前附表规定的投标截止时间至少15天前,以书面形式通知所有购买招标文件的投标人,但不指明澄清问题的来源;不足15天的,招标人应当顺延递交投标文件的截止时间。招标人有责任保证所有购买招标文件的投标人收到招标文件的澄清。

2.2.3 投标人在收到澄清后,应在投标人须知前附表规定的时间内以书面形式通知招标人,确认已收到该澄清。

2.3 招标文件的修改

2.3.1 招标人可以书面形式修改招标文件,并通知所有购买招标文件的投标人。招标文件的修改内容可能影响投标文件编制的,招标人应当在投标人须知前附表规定的投标截止时间至少15天前发出招标文件的修改;不足15天的,招标人应当顺延递交投标文件的截止时间。招标人有责任保证所有购买招标文件的投标人收到招标文件的修改。

2.3.2 投标人收到修改内容后,应在投标人须知前附表规定的时间内以书面形式通知招标人,确认已收到该修改。

2.4 对招标文件的异议

投标人或者其他利害关系人对招标文件有异议的,应当在投标截止时间10天前以书面形式提出。招标人应当自收到异议之日起3天内作出答复;作出答复前,将暂停招标投标活动。

2.5 招标人提供的政策

2.5.1 本项目将按照投标人须知前附表1.3.1款规定的操作模式,授予社会资本及其成立的项目公司相应的特许经营权。

2.5.2 社会资本有按本项目PPP项目合作合同的约定取得合理回报的权利。

2.5.3 政府参股项目公司的,政府将与社会资本共同出资组建项目公司。其中政府出资人代表为:_____(单位名称),出资方式为:_____(实物出资、现金出资等),出资额为:_____元,出资时间为:_____。

2.5.4 政府提供补贴的,补贴金额或补贴金额确定方式为:_____,补贴形式为:_____,补贴时间为:_____。

2.5.5 政府付费的,付费金额或付费金额确定方式为:_____,付费形式为:_____,付费时间为:_____。

2.5.6 按相关法律、法规的规定,本项目社会资本具备相应的资质和能力,依法能够自行建设、生产或者提供本项目的施工、货物提供或勘察设计服务的,本项目相应的施工、货物或勘察设计服务将由社会资本自行承担,不再招标。上述施工、货物或勘察设计服务的价格将根据PPP项目合同约定的原则和方法确定。

2.2.7 政府提供的其他政策:_____。

3. 投标文件

3.1 投标文件的构成及投标人应考虑的因素

3.1.1 投标文件应包括下列内容:
（1）投标函;
（2）法定代表人身份证明或法定代表人的授权委托书;
（3）联合体协议书（如果有）;
（4）投标保证金;
（5）关于投资协议、PPP项目合同条款的建议;
（6）投标文件附表;
（7）项目实施计划;
（8）其他材料。

3.1.2 投标人须知前附表规定不接受联合体投标的,或投标人没有组成联合体的,投标文件不包括本章第3.1.1（3）目所指的联合体协议书。

3.1.3 投标人在详细研究招标文件中的投资协议、PPP项目合同之后,应在投标文件中写明对投资协议、PPP项目合同的条款的建议并阐述理由。上述建议和理由应在满足国家法律法规的前提下,有利于项目的实施,是合同谈判的依据,但并不意味着招标人必须接受上述建议。

3.1.4 随同投标文件提交的项目实施计划,应满足本招标文件的要求,并需进行详细论述,证明投标人各项计划与方案的合理性和可行性。投标人提交的项目实施计划将作为对投标文件进行综合评审的主要依据,该计划也是投标人组建项目公司及政府及其相关部门对项目各实施阶段进行监督管理的依据。

3.1.5 本项目政府用于项目前期的费用按投标人须知前附表的规定确定。

3.1.6 本项目征地拆迁工作按投标人须知前附表确定的方式执行。

3.2 投标有效期

3.2.1 在投标人须知前附表规定的投标有效期内,投标人不得要求撤销或修改其投标文件。

3.2.2 出现特殊情况需要延长投标有效期的,招标人以书面形式通知所有投标人延长投标有效期。投标人同意延长的,应相应延长其投标保证金的有效期,但不得要求或被允许修改或撤销其投标文件;投标人拒绝延长的,其投标失效,但投标人有权收回其投标保证金。

3.3 投标保证金

3.3.1 投标人在递交投标文件的同时,应按投标人须知前附表规定的金额、形式和第五章"投标文件格式"规定的投标保证金格式递交投标保证金,并作为其投标文件的组成部分。联合体投标的,其投标保证金由牵头人递交,并应符合投标人须知前附表的规定。

投标保证金必须选择下列任一种形式:电汇、银行保函或招标人规定的其他形式。

(1)若采用电汇,投标人应在投标人须知前附表规定的投标保证金递交截止时间之前,将投标保证金由投标人的基本账户一次性汇入招标人指定账户,否则视为投标保证金无效。招标人指定账户的账户名称、开户银行及账号见投标人须知前附表;

(2)若采用银行保函,则应由符合投标人须知前附表规定级别的银行开具,银行保函应采用招标文件提供的格式,银行保函原件应装订在投标文件的正本之中。

3.3.2 投标保证金有效期应与投标有效期保持一致,招标人如果按本章第3.2.2项的规定延长了投标有效期,则投标保证金的有效期也相应延长。

3.3.3 投标人不按本章第3.3.1项和第3.3.2项要求提交投标保证金的,作否决其投标处理。

3.3.4 预中标结果公示期满后5日内,向非中标候选人退还投标保证金;招标人与中标人签订投资协议后5日内,向中标候选人和中标人退还投标保证金。

对于采用电汇形式递交投标保证金的投标人,招标人还应同时退还投标保证金的银行同期活期存款利息。

利息计算原则如下:

(1)计算利息的起始日期为投标截至当日,终止日期为招标人退还投标保证金日期的前一日;

(2)在投标人递交投标保证金后,无论银行利率是否调整,均按招标人退还当日中国人民银行挂牌公告的活期储蓄存款利率计付利息;

(3)利息金额计算至分位,分以下尾数四舍五入。

3.3.5 有下列情形之一的,投标保证金将不予退还:

(1)投标人在规定的投标有效期内撤销或修改其投标文件;

(2)中标人在收到中标通知书后,无正当理由拒签投资协议或未按招标文件规定提交投资人履约担保;

(3)中标人在签订投资协议时向招标人提出附加条件;

(4)投标人提交了虚假资料;

(5)有证据显示投标人以他人名义投标、与他人串通投标、以非法手段谋取中标。

3.4 资格审查资料

3.4.1 投标人须按招标文件第五章"投标文件格式"中规定的表格内容填写投标文件附表,并按各投标文件附表的具体要求提供相关证件及证明材料。

3.4.2 投标人须知前附表规定接受联合体投标的,本章第3.4.1项规定的表格和资料应包括联合体各方相关情况。

3.4.3 投标人按在投标人须知前附表规定单独密封提供的证件及证明材料的

原件。

3.5 投标人信息的核查

招标人有权核查投标人在投标文件中提供的材料,若在评标期间发现投标人提供了虚假资料,评标委员会对投标人的投标文件作无效投标处理,其投标保证金不予退还;若在发出中标通知书前发现投标人提供了虚假资料,招标人有权取消其中标资格,其投标保证金不予退还;若在签署投资协议或PPP项目合同后发现投标人提供了虚假资料,招标人有权与投标人解除投资协议或PPP项目合同或从投资人履约担保中扣除不超过_____万元的违约金。同时招标人将投标人以上弄虚作假行为作为不良记录纳入公路建设市场信用信息管理系统及其他相关信用信息系统。

3.6 投标文件的编制

3.6.1 投标文件应按第五章"投标文件格式"进行编写,如有必要,可以增加附页,作为投标文件的组成部分。

3.6.2 投标文件应当对招标文件有关特许经营期、投标有效期、绩效目标要求、招标范围等实质性内容作出响应。

3.6.3 投标文件正本应用不褪色的墨水书写或打印,并由投标人的法定代表人或其委托代理人逐页亲笔签署姓名(封面、扉页、目录和本页正文内容已由投标人的法定代表人或其委托代理人签署姓名的可不签署),不得使用印章、签名章或其他电子制版签名代替。

3.6.4 如果投标文件由委托代理人签署,则投标人需提交法定代表人的授权委托书,授权委托书应按规定的书面方式出具,并由法定代表人和委托代理人亲笔签名,不得使用印章、签名章或其他电子制版签名代替。经公证机关对授权委托书中投标人法定代表人的签名、委托代理人的签名、投标人的单位章的真实性做出有效公证后,授权委托书和公证书原件应装订在投标文件的正本之中。公证书出具的日期应与授权委托书出具的日期同日或在其之后。

如果由投标人的法定代表人亲自签署投标文件,则不需提交授权委托书,但应按规定的书面方式出具法定代表人身份证明,并由法定代表人亲笔签名,不得使用印章、签名章或其他电子制版签名代替。经公证机关对法定代表人身份证明中法定代表人的签名、投标人的单位章的真实性做出有效公证后,法定代表人身份证明和公证书原件应装订在投标文件的正本之中。公证书出具的日期应与法定代表人身份证明出具的日期同日或在其之后。

以联合体形式参与投标的,投标文件正本由联合体牵头人的法定代表人或其委托代理人按上述规定签署并加盖联合体牵头人单位章。法定代表人身份证明或授权委托书须由联合体牵头人按上述规定出具并公证。

投标文件应尽量避免涂改、行间插字或删除。如果出现上述情况,改动之处应加盖单位章或由投标人的法定代表人或其授权的代理人签字确认。

3.6.5 投标文件正本一份,副本份数见投标人须知前附表。正本和副本的封面上应清楚地标记"正本"或"副本"的字样。当副本和正本不一致时,以正本为准。

3.6.6 投标文件的正本与副本应分别装订成册,并编制目录且逐页标注连续页码。

投标文件不得采用活页夹装订,否则,招标人对由于投标文件装订松散而造成的丢失或其他后果不承担任何责任。

3.7 投标人填报投标函应考虑的因素

3.7.1 本项目不承诺固定投资回报,且设置投资回报率上限。本项目的收费期不得超过投标人须知前附表第1.3.2项所写明的最长期限,收费期自本项目收费许可颁布之日算起。投标人可在上述期限范围内,在考虑收回投资及获得合理回报的前提下通过测算提出要求的回报率及收费期。超过招标文件规定的投资回报率上限或收费期上限的,其投标将作为无效投标。

3.7.2 投标人在填报要求的回报率及收费期时,应充分考虑本项目的项目总投资、绩效目标、合同边界条件、风险划分情况、收入的范围、收费调整机制、利益共享机制、补贴金额(如有)、政府付费水平(如有)及投标人自身投融资成本、建设、运营成本和管理能力等因素。

投标人应根据上述因素对项目进行财务分析(包括计算项目收益率、项目净现值、投资回收期、内部收益率等财务指标)、风险分析和测算,并在此基础上向招标人提出对于回报率和收费期的具体要求。投标人应充分考虑特许经营期内其所承担的各种风险。

4. 投标

4.1 投标文件的密封和标识

4.1.1 投标文件的正本、副本及投标文件电子文件(如需要)统一包装在一个内层封套中,然后密封在一个外层封套中。内层和外层封套均应加贴封条并在封口处加盖密封章。外层封套上不应有任何投标人的识别标志。招标文件要求的证件及证明材料的原件应单独密封,加贴封条,并在封套的封口处加盖申请人单位章,与投标文件一并递交。

4.1.2 投标文件的内、外层封套上应写明的内容见投标人须知前附表。

4.1.3 未按本章第4.1.1项和第4.1.2项要求对外层封套进行密封和加写标记的投标文件,招标人不予受理。

4.2 投标文件的递交

4.2.1 投标人应在本章第2.2.2项规定的投标截止时间前递交投标文件。

4.2.2 投标人递交投标文件的地点:见投标人须知前附表。

4.2.3 投标人所递交的投标文件不予退还。

4.2.4 招标人收到投标文件后,向投标人出具签收凭证。

4.2.5 逾期送达的或者未送达指定地点的或者不按照招标文件要求密封的投标文件,招标人不予受理。

4.2.6 在特殊情况下,招标人如果决定延后投标截止时间,应在投标人须知前附表规定的时间前,以书面形式通知所有投标人延后投标截止时间。在此情况下,招标人和投标人的权利和义务相应延后至新的投标截止时间。

4.3 投标文件的修改与撤回

4.3.1 在本章第2.2.2项规定的投标截止时间前,投标人可以修改或撤回已递交的投标文件,但应以书面形式通知招标人。

4.3.2 投标人修改或撤回已递交投标文件的书面通知应按照本章第3.6款的要求签字或盖单位章。招标人收到书面通知后,向投标人出具签收凭证。

4.3.3 修改的内容为投标文件的组成部分。修改的投标文件应按照本章第3条、第4条规定进行编制、密封、标记和递交,并标明"修改"字样。

5. 开标

5.1 开标时间和地点

招标人将按照本章投标人须知前附表第5.1款规定的开标时间和地点公开开标,并邀请所有投标人的法定代表人或其委托代理人准时参加。

投标人若未派法定代表人或委托代理人出席开标活动,或未在开标记录上签字,视为该投标人默认开标结果。

5.2 开标程序

5.2.1 主持人按下列程序进行开标:
(1)宣布开标纪律;
(2)公布在投标截止时间前递交投标文件的投标人名称,并点名确认投标人是否派人到场;
(3)宣布开标人、唱标人、记录人、监标人等有关人员姓名;
(4)按照投标人须知前附表规定,检查投标文件的密封情况;
(5)按照投标人须知前附表的规定,确定并宣布投标文件开标顺序;
(6)按照宣布的开标顺序当众开标,公布投标人名称、投标函的相关内容,并记录在案;
(7)投标人代表、招标人代表、监标人、记录人等有关人员在开标记录上签字确认;
(8)开标会议结束。

5.2.2 若招标人宣读的内容与投标文件不符时,投标人有权在开标现场提出异议,经监标人当场核查确认之后,可重新宣读其投标文件。若投标人现场未提出异议,则认为投标人已确认招标人宣读的内容。

5.3 开标异议

投标人对开标有异议的,应当在开标现场提出,招标人当场作出答复,并制作记录。

6. 评标与中标

6.1 评标委员会

评标由招标人依法组建的评标委员会负责。评标委员会由招标人熟悉相关业务的代表，以及公路、金融、财务、法律等方面的专家组成。评标委员会人数为五人以上单数，其中专家人数应不少于成员总数的三分之二，具体构成见"投标人须知前附表"。

6.2 评标原则

评标活动应遵循公平、公正、科学、择优的原则。

6.3 评标

本项目采用的评标方法见投标人须知前附表。评标委员会按照第三章"评标办法"的规定对投标文件进行评审。第三章"评标办法"没有规定的方法、评审因素和评分值，不作为评标依据。

6.4 结果确认谈判

6.4.1 评标结束后，招标人将成立专门的招标结果确认谈判工作组，负责招标结果确认前的谈判和最终的招标结果确认工作。

6.4.2 招标结果确认谈判工作组成员及数量由招标人确定，将至少包括财政预算管理部门、行业主管部门代表、价格管理、环境保护行政执法机关代表，以及财务、法律等方面的专家。如招标人要求，评审小组成员可以作为采购结果确认谈判工作组成员参与采购结果确认谈判。

6.4.3 招标结果确认谈判工作组将按照评标报告推荐的候选社会资本排名，依次与候选社会资本及与其合作的金融机构就项目合同中可变的细节问题进行项目合同签署前的确认谈判，率先达成一致的候选社会资本即为预中标社会资本。

6.4.4 确认谈判将不涉及项目合同中不可谈判的核心条款。谈判内容仅限于投标人在投标文件中写明的对投资协议、PPP项目合同的条款的建议，或者在投资协议、PPP项目合同中尚需进一步明确的事项。招标人将不与排序在前但已终止谈判的社会资本进行重复谈判。

6.5 预中标公示

招标人将在预中标社会资本确定后10个工作日内，与预中标社会资本签署确认谈判备忘录，并将预中标结果和根据招标文件、投标文件及有关补遗文件和确认谈判备忘录拟定的投资协议、PPP项目合同文本在省级以上人民政府财政部门指定的政府采购信息发布媒体上进行公示，公示期不少于5个工作日。

预中标社会资本投标文件中的重要承诺和技术文件等作为投资协议和(或)PPP项目合同文本附件。投资协议和PPP项目合同文本涉及国家秘密、商业秘密的内容可以不公示。

6.6 中标结果公告

招标人将在公示期满无异议后2个工作日内,将中标结果在省级以上人民政府财政部门指定的政府采购信息发布媒体上进行公告,同时发出中标通知书。

招标人将以书面形式向中标人发出中标通知书,同时将中标结果通知未中标的投标人。

中标结果公告内容包括:招标人和招标代理机构的名称、地址和联系方式;项目名称和项目编号;中标社会资本的名称、地址、法人代表;中标标的名称、主要中标条件(包括但不限于合作期限、服务要求、项目概算、回报机制)等;评审小组和采购结果确认谈判工作组成员名单。

7. 合同授予

7.1 投资人履约担保

7.1.1 在收到中标通知书后30天内,并在签订投资协议之前,中标人应按投标人须知前附表规定的金额、形式和招标文件第四章"投资协议、政府和社会资本合作项目合同"规定的投资人履约担保格式向招标人提交投资人履约担保。联合体中标的,其投资人履约担保由牵头人递交,并应符合投标人须知前附表规定的金额、形式和招标文件第四章"投资协议、政府和社会资本合作项目合同"规定的投资人履约担保格式的实质性内容要求。采用银行保函时,出具银行保函的银行级别在投标人须知前附表中说明,所需的费用由中标人承担,中标人应保证银行保函有效。

7.1.2 中标人不能按本章第7.1.1项要求提交投资人履约担保的,视为放弃中标,其投标保证金不予退还,并由招标人将其行为作为不良记录纳入公路建设市场信用信息管理系统及其他相关信用信息系统。

7.2 签署投资协议

7.2.1 中标人应在投标人须知前附表规定的期限内,与招标人签订投资协议(该协议即《基础设施和公用事业特性经营管理办法》第十八条规定的"初步协议")。中标人无正当理由拒签投资协议的,招标人将取消其中标资格,并由招标人将其不良记录纳入公路建设市场信用信息管理系统及其他相关信用信息系统。

7.2.2 发出中标通知书后,中标人无正当理由拒签投资协议的,招标人将不予退还其投标保证金。

7.2.3 投资协议经双方法定代表人或其授权的代理人签署、加盖单位章并经有权部门批准后生效。若为联合体投标,则联合体各成员的法定代表人或其授权的代理人都应在投资协议上签署并加盖单位章。

7.2.4 如果根据招标文件规定,招标人取消了中标人的中标资格,在此情况下,招标人可将投资协议授予下一个中标候选人,或者按规定重新组织采购。

7.2.5 招标人将在投资协议签订之日起2个工作日内,将投资协议在省级以上人民政府财政部门指定的媒体上公告,但合同中涉及国家秘密、商业秘密的内容除外。

7.3 组建项目公司

7.3.1 中标人应在投标人须知前附表规定的时间内,按照下列规定组建项目公司,在报请招标人审批后在项目所在地工商管理部门进行注册登记获得法人资格。

（1）项目资本金应全额作为项目公司的注册资本。项目公司设立时的实收资本应不低于投标人须知前附表规定的比例,建设期内中标人应在确保项目建设进度的前提下增加项目公司的实收资本,使项目公司的实收资本自项目公司成立之日起在投标人须知前附表规定时间内达到项目资本金的全额;

（2）按投标文件中的承诺设置或委托具备与绩效目标相适应的组织、技术、财务、管理人员和相应机构。

7.3.2 如中标人未能按招标文件的规定组建项目公司,或虽已遵守招标文件的规定但招标人认为其尚无实施本项目的足够能力时,中标人应按招标人的指示完善项目公司的机构设置、人员配备、资金筹措等方面工作,直至招标人批准为止。

7.3.3 政府参股项目公司的,中标人应与政府或其授权单位共同组建项目公司。

7.4 建设期履约担保

项目公司应在签订PPP项目合同前按投标人须知前附表规定的金额、形式和招标文件第四章"投资协议、政府和社会资本合作项目合同"规定的建设期履约担保格式向招标人提交建设期履约担保。采用银行保函时,出具银行保函的银行级别在投标人须知前附表中说明,所需的费用由项目公司承担,项目公司应保证银行保函有效。

7.5 签署PPP项目合同

7.5.1 中标人组建的项目公司应在投标人须知前附表规定的期限内,与招标人签订PPP项目合同(即按《基础设施和公用事业特许经营管理办法》第二章规定的特性经营协议)。中标人组建的项目公司无正当理由拒签PPP项目合同的,招标人将取消其中标人的中标资格,并由招标人将把中标人及中标人组建的项目公司的不良记录纳入公路建设市场信用信息管理系统及其他相关信用信息系统。

7.5.2 中标人组建的项目公司无正当理由拒签PPP项目合同的,招标人将不予退还中标人的投资人履约担保。

7.5.3 PPP项目合同经双方法定代表人或其授权的代理人签署、加盖单位章并经有权部门批准后生效。

7.5.4 招标人将在PPP项目合同签订之日起2个工作日内,将PPP项目合同在省级以上人民政府财政部门指定的媒体上公告,但合同中涉及国家秘密、商业秘密的内容除外。

7.6 运营期履约担保

项目公司应按照投标人须知前附表规定的金额、形式和招标文件第四章"投资协议、政府和社会资本合作项目合同"规定的运营期,履约担保格式向招标人提交运营期履约担保。采用银行保函时,出具银行保函的银行级别在投标人须知前附表中说明,所需的费用由项目公司承担,项目公司应保证银行保函有效。

8. 重新招标

8.1 重新招标

有下列情形之一的,招标人将重新招标:
(1)投标截止时间止,投标人少于3个的;
(2)所有投标均未通过评标委员会评审;
(3)中标候选人均未能通过招标结果确认谈判或均未与招标人签订投资协议或PPP项目合同的;
(4)法律、法规规定的其他情形。

9. 纪律和监督

9.1 对招标人的纪律要求

招标人不得泄露招标投标活动中应当保密的情况和资料,不得与投标人串通损害国家利益、社会公共利益或者他人合法权益。

9.2 对投标人的纪律要求

投标人不得相互串通投标或者与招标人串通投标,不得向招标人或者评标委员会成员行贿谋取中标,不得以他人名义投标或者以其他方式弄虚作假骗取中标;投标人不得以任何方式干扰、影响评标工作。

9.3 对评标委员会成员的纪律要求

评标委员会成员不得收受他人的财物或者其他好处,不得向他人透漏对投标文件的评审和比较、中标候选人的推荐情况以及评标有关的其他情况。在评标活动中,评标委员会成员不得擅离职守,影响评标程序正常进行,不得使用第三章"评标办法"没有规定的评审因素和标准进行评标。

9.4 对与评标活动有关的工作人员的纪律要求

与评标活动有关的工作人员不得收受他人的财物或者其他好处,不得向他人透漏对投标文件的评审和比较、中标候选人的推荐情况以及评标有关的其他情况。在评标活动中,与评标活动有关的工作人员不得擅离职守,影响评标程序正常进行。

9.5 投诉

投标人和其他利害关系人认为本次招标活动违反法律、法规和规章规定的,有权向有关行政监督部门投诉。

监督部门的联系方式见投标人须知前附表。

10. 其他规定

自购买招标文件之日起,投标人应保证其提供的联系方式(电话、传真、电子邮件)一直有效,以保证往来函件(招标文件的澄清、修改等)能及时通知投标人,并能及时反馈信息,否则投标人应自行承担由此引起的对其不利的后果。

需要补充的其他内容:见投标人须知前附表。

第三章 评标办法

第三章 评标办法(综合评分法)

评标办法前附表①

条款号		评审因素与评审标准
1		综合评分相等时,以要求回报率较低的优先。如果要求回报率也相等,采用_____方法②确定第一中标候选人
2.1.1	资格评审标准(适用于未参加资格预审的投标人或资格审查资料有更新的投标人)	(1)投标人具备有效的营业执照和基本账户开户许可证; (2)投标人的法人资格符合第二章"投标人须知"前附表附录1的规定; (3)投标人的财务状况符合第二章"投标人须知"前附表附录2的规定; (4)投标人的投融资能力符合第二章"投标人须知"前附表附录3的规定; (5)投标人的商业信誉符合第二章"投标人须知"前附表附录4的规定; (6)投标人的其他要求符合第二章"投标人须知"前附表附录5的规定; (7)以联合体形式参与投标的,联合体资格条件符合招标文件要求,符合第二章"申请人须知"第1.4.2项规定; (8)按招标文件提供给评标委员会核查的证件及证明材料原件符合要求。
2.1.2	初步评审标准	(1)投标文件按照招标文件规定的格式、内容填写,字迹清晰可辨; (2)投标文件上法定代表人或其授权代理人的签字、投标人的单位章齐全,符合招标文件规定; (3)投标人按照第二章"投标人须知"第3.3.1项和第3.3.2项规定的金额、形式、时间等要求提供了投标保证金; (4)投标人按照第二章"投标人须知"第3.6.4项的规定,提供了法定代表人的授权委托书或法定代表人身份证明,并附有公证机关出具的加盖钢印、单位章并盖有公证员签名章的公证书,钢印应清晰可辨,同时公证内容完全满足招标文件规定; (5)投标人以联合体形式投标时,符合第二章"投标人须知"第1.4.2项规定; (6)一份投标文件应只提交一个回报率要求和一个收费期方案; (7)投标文件要求的回报率、收费期符合招标文件规定; (8)投标文件没有对招标人的权利提出削弱性或限制性要求,没有对投标人的责任和义务提出实质性修改; (9)投标文件未附有招标人不能接受的条件。
2.1.3	详细评审标准	(1)投标人承诺投入的项目资本金(包括总额、首期到位资本金以及资本金全部到位时间等)满足招标文件要求; (2)资金筹集方案合理可行,措施可靠,能保证按时到位; (3)回报率、收费期合理可行,论证充分; (4)投标人承诺的绩效目标不低于招标文件规定。
3.1.2		投标人不得存在的其他情形: (1)串通投标或弄虚作假或有其他违法行为的; (2)不按评标委员会要求澄清、说明的。

---

①招标人应根据招标项目具体特点和实际需要,详细列明全部评审因素和评分值,没有列明的因素和评分值不得作为评标的依据。招标人应将导致否决其投标的全部条款,以醒目方式集中在"评标办法前附表"中。
②可根据投标人承诺投入本项目的资本金高低、投标人净资产的大小等因素确定排名顺序。

续上表

条款号		评审因素与评审标准				
2.2.1	分值构成（总分100分）	回报率：_____分 收费期限：_____分 投资能力：_____分 融资能力：_____分 投融资、建设、运营管理经验：_____分 项目公司组建方案：_____分 项目建设方案：_____分 项目运营、移交方案：_____分				
2.2.2	评分标准	评分因素与评分值①				评分标准③
		评分因素	评分因素评分值②	各评分因素细分项	分值	
		回报率				
		收费期限				
		投资能力		投标人承诺出资的项目资本金额度		
				上年末资产负债率		
				近3年经营性现金净流量		
		融资能力				
		投融资、建设、运营管理经验		大型基础设施建设项目投融资经验		
				类似项目投融资、建设、运营管理经验		
		项目公司组建方案				
		项目建设方案		工程质量目标及保障措施		
				工程实施进度及保障措施		

①各评分因素得分均不应低于其评分满分值的60%，且各评分因素得分应以评标委员会各成员的打分平均值确定，该平均值以去掉一个最高和一个最低分后计算。
②各评分因素评分值的建议取值范围如下：回报率25~35分，收费期限5~10分，投资能力15~25分，融资能力15~25分，投融资、建设、运营管理经验5~15分，项目公司组建方案0~5分，项目建设方案0~10分，项目运营、移交方案0~10分。各评分因素评分值合计应为100分。
③招标人应列明各评分因素或各评分因素细分项（如有）的评分标准（即评标细则应在招标文件中明确）并作为评标委员会进行评分的依据。

第三章 评标办法

续上表

条款号		评审因素与评审标准			
2.2.2	评分标准	项目建设方案		工程安全目标及保障措施		
				投资控制目标及保障措施		
				环境保护与水保措施		
		项目运营、移交方案		运营养护目标、服务质量目标与运营方案		
				运营养护、管理成本控制目标及措施		
				移交方案		
3.4.1		评标结果	推荐的中标候选人的人数为_____名			

1. 评标方法

本次评标采用综合评分法。评标委员会对满足招标文件实质性要求的投标文件,按照本章第2.2款规定的评分标准进行打分,并按得分由高到低的顺序推荐中标候选人,或根据招标人授权直接确定中标人。综合评分相等时,以要求回报率较低的优先。如果要求的回报率也相等,则采用评标办法前附表中规定的其他方法确定第一中标候选人。

2. 评审标准

2.1 评审标准

2.1.1 资格评审标准:见评标办法前附表。
2.1.2 初步评审标准:见评标办法前附表。
2.1.3 详细评审标准:见评标办法前附表。

2.2 分值构成与评分标准

2.2.1 分值构成
各评分因素:见评标办法前附表。
2.2.2 评分标准
各评分因素的评分标准:见评标办法前附表。

3. 评标程序

3.1 资格审查、初步评审、详细评审

3.1.1 评标委员会可以要求投标人提交第二章"投标人须知"第3.4款规定的有关证明和证件的原件,以便核验。评标委员会依据本章第2.1款规定的评审标准对投标文件进行资格审查、初步评审、详细评审。有一项不符合评审标准的,作否决其投标处理。对通过资格预审且资格审查资料无更新的投标人,将不再进行资格审查。对未参加资格预审或资格审查资料有更新的投标人,将进行资格审查。

3.1.2 投标人不得存在违反评标办法前附表规定的任何一种情形,否则作否决其投标处理。

3.2 综合评分

3.2.1 评标委员会按本章第2.2款规定的量化因素和分值进行打分,并计算出综合评估得分。

3.2.2 评分分值计算保留小数点后两位,小数点后第三位"四舍五入"。

3.3 投标文件的澄清和说明

3.3.1 在评标过程中,评标委员会可以书面形式要求投标人对所提交投标文件中

含义不明确的内容、明显的文字或者计算错误进行书面澄清或说明。评标委员会不接受投标人主动提出的澄清、说明。

3.3.2 澄清和说明不得超出投标文件的范围或者改变投标文件的实质性内容(算术性错误修正的除外)。投标人的书面澄清、说明属于投标文件的组成部分。

3.3.3 评标委员会不得暗示或者诱导投标人作出澄清、说明,对投标人提交的澄清、说明有疑问的,可以要求投标人进一步澄清或说明,直至满足评标委员会的要求。

3.3.4 凡超出招标文件规定的或给招标人带来未曾要求的利益的变化、偏差或其他因素在评标时不予考虑。

3.4 评标结果

3.4.1 评标委员会按照得分由高到低的顺序并按评标办法前附表规定的人数推荐中标候选人。

3.4.2 评标委员会完成评标后,应当向招标人提交书面评标报告。评标委员会成员应当在评标报告上签字,对自己的评审意见承担法律责任。对评标报告有异议的,应当在报告上签署不同意见,并说明理由,否则视为同意评标报告。

评标委员会发现招标文件内容违反国家有关强制性规定的,应当停止评审并向招标人说明情况。

3.4.3 中标候选人的经营、财务状况发生较大变化或者存在违法行为,招标人认为可能影响其履约能力的,将在发出中标通知书前,提请行政监督部门请评标委员会按照招标文件规定的标准和方法审查确认。

第三章 评标办法(最低评标价法/最低回报法)

评标办法前附表①

条款号		评审因素与评审标准
1		要求的回报率相等时,采用_____方法②确定第一中标候选人
2.1.1	资格评审标准(适用于未参加资格预审的投标人或资格审查资料有更新的投标人)	(1)投标人具备有效的营业执照和基本账户开户许可证; (2)投标人的法人资格符合第二章"投标人须知"前附表附录1的规定; (3)投标人的财务状况符合第二章"投标人须知"前附表附录2的规定; (4)投标人的投融资能力符合第二章"投标人须知"前附表附录3的规定; (5)投标人的商业信誉符合第二章"投标人须知"前附表附录4的规定; (6)投标人的其他要求符合第二章"投标人须知"前附表附录5的规定; (7)以联合体形式参与投标的,联合体各方均未再以自己名义单独或参加其他联合体在同一项目中投标;独立参与投标的,投标人未同时参加联合体在同一项目中投标; (8)按招标文件提供给评标委员会核查的证件及证明材料原件符合要求。
2.1.2	初步评审标准	(1)投标文件按照招标文件规定的格式、内容填写,字迹清晰可辨; (2)投标文件上法定代表人或其授权代理人的签字、投标人的单位章齐全,符合招标文件规定; (3)投标人按照第二章"投标人须知"第3.3.1项和第3.3.2项规定的金额、形式、时间等要求提供了投标保证金; (4)投标人按照第二章"投标人须知"第3.6.4项的规定,提供了法定代表人的授权委托书或法定代表人身份证明,并附有公证机关出具的加盖钢印、单位章并盖有公证员签名章的公证书,钢印应清晰可辨,同时公证内容完全满足招标文件规定; (5)投标人以联合体形式投标时,符合第二章"投标人须知"第1.4.2项规定; (6)一份投标文件应只提交一个回报率要求和一个收费期方案; (7)投标文件要求的回报率、收费期限符合招标文件规定; (8)投标文件没有对招标人的权利提出削弱性或限制性要求,没有对投标人的责任和义务提出实质性修改; (9)投标文件未附有招标人不能接受的条件。
2.1.3	详细评审标准	(1)投标人承诺投入的项目资本金(包括总额、首期到位资本金以及资本金全部到位时间等)满足招标文件要求; (2)资金筹集方案合理可行,措施可靠,能保证按时到位; (3)收费期合理可行,论证充分; (4)投标人承诺的绩效目标不低于招标文件规定。
3.1.2		投标人不得存在的其他情形: (1)串通投标或弄虚作假或有其他违法行为的; (2)不按评标委员会要求澄清、说明的。
3.3.1	评标结果	推荐的中标候选人的人数为_____名。

①招标人应根据招标项目具体特点和实际需要,详细列明全部评审因素,没有列明的因素不得作为评标的依据。招标人应将导致否决投标的全部条款,以醒目方式集中在"评标办法前附表"中。
②可根据投标人承诺投入本项目的资本金高低、投标人净资产的大小等因素确定排名顺序。

第三章 评标办法

1. 评标方法

本次评标采用最低评标价法(最低回报法)。评标委员会对满足招标文件实质性要求的投标文件,按照投标人要求的回报率由低到高的顺序推荐中标候选人,或根据招标人授权直接确定中标人。如果投标人要求的回报率相等,则采用评标办法前附表中规定的方法确定第一中标候选人。

2. 评审标准

2.1 评审标准

2.1.1 资格评审标准:见评标办法前附表。

2.1.2 初步评审标准:见评标办法前附表。

2.1.3 详细评审标准:见评标办法前附表。

3. 评标程序

3.1 资格审查、初步评审、详细评审

3.1.1 评标委员会可以要求投标人提交第二章"投标人须知"第3.4款规定的有关证明和证件的原件,以便核验。评标委员会依据本章第2.1款规定的评审标准对投标文件进行资格审查、初步评审、详细评审。有一项不符合评审标准的,作否决其投标处理。对通过资格预审且资格审查资料无更新的投标人,将不再进行资格审查。对未参加资格预审或资格审查资料有更新的投标人,将进行资格审查。

3.1.2 投标人不得存在违反评标办法前附表规定的任何一种情形,否则作否决其投标处理。

3.2 投标文件的澄清和说明

3.2.1 在评标过程中,评标委员会可以书面形式要求投标人对所提交投标文件中含义不明确的内容、明显的文字或者计算错误进行书面澄清或说明。评标委员会不接受投标人主动提出的澄清、说明。

3.2.2 澄清和说明不得超出投标文件的范围或者改变投标文件的实质性内容(算术性错误修正的除外)。投标人的书面澄清、说明属于投标文件的组成部分。

3.2.3 评标委员会不得暗示或者诱导投标人作出澄清、说明,对投标人提交的澄清、说明有疑问的,可以要求投标人进一步澄清或说明,直至满足评标委员会的要求。

3.2.4 凡超出招标文件规定的或给招标人带来未曾要求的利益的变化、偏差或其他因素在评标时不予考虑。

3.3 评标结果

3.3.1 评标委员会按照得分评标价由低到高(即回报率由低到高)的顺序,并按评标办法前附表规定的人数推荐中标候选人。

3.3.2 评标委员会完成评标后,应当向招标人提交书面评标报告。评标委员会成员应当在评标报告上签字,对自己的评审意见承担法律责任。对评标报告有异议的,应当在报告上签署不同意见,并说明理由,否则视为同意评标报告。

评标委员会发现招标文件内容违反国家有关强制性规定的,应当停止评审并向招标人说明情况。

3.3.3 中标候选人的经营、财务状况发生较大变化或者存在违法行为,招标人认为可能影响其履约能力的,将在发出中标通知书前将提请行政监督部门请评标委员会按照招标文件规定的标准和方法审查确认。

第四章 投资协议、政府和社会资本合作项目合同

第四章　投资协议、政府和社会资本合作项目合同

第一节　投资协议

投资协议

甲方：＿＿＿＿＿＿＿＿＿＿＿＿＿＿＿
乙方：＿＿＿＿＿＿＿＿＿＿＿＿＿＿＿

鉴于甲方为＿＿＿＿＿＿＿＿＿＿（项目名称）并通过招标方式选择乙方担当该项目公路项目政府和社会资本合作的社会资本，项目采用（BOT、ROT、TOT）模式实施，现由甲方和乙方于＿＿＿＿年＿＿＿月＿＿＿日共同达成并签订本协议如下。

1. 甲方的权利和义务

1.1　甲方有权自行或委托专业机构对乙方出资情况、资金的使用、设立项目公司，以及对项目的设计、建设、运营、养护和维修进行监督管理。

1.2　甲方应按照国家及项目所在地有关法律及法规，在其权限和管辖范围内尽力协助乙方及时获得设立项目公司、投资以及项目公司进行项目融资贷款、设计、建设、运营、养护及管理所必需的批文；协助项目公司办理项目核准手续，协调审批程序，以获得本项目所需的其他批准。

1.3　政府参股项目公司的，政府将与社会资本共同出资组建项目公司。其中政府出资人代表为：＿＿＿＿＿＿＿＿＿＿（单位名称），出资方式为：＿＿＿＿＿＿＿＿＿＿（实物出资、现金出资等），出资额为：＿＿＿＿＿＿＿＿＿＿元，出资时间为：＿＿＿＿＿＿＿＿＿＿。

1.4　政府提供补贴的，补贴金额或补贴金额确定方式为：＿＿＿＿＿＿＿＿＿＿，补贴形式为：＿＿＿＿＿＿＿＿＿＿，补贴时间为：＿＿＿＿＿＿＿＿＿＿。

1.5　政府付费的，付费金额或付费金额确定方式为：＿＿＿＿＿＿＿＿＿＿，付费形式为：＿＿＿＿＿＿＿＿＿＿，付费时间为：＿＿＿＿＿＿＿＿＿＿。

2. 乙方的权利和义务

2.1　乙方有权依法组建项目公司，作为＿＿＿＿＿＿＿＿＿＿（项目名称）的项目法人。政府将按法律、法规、政策及合同规定授予乙方及项目公司投资、建设、运营本项目的特许权，包括投资建设权、运营期的收费权、公路附属设施经营权等。乙方作为社会资本应按《中华人民共和国公司法》及其他相关法律、法规、政策和合同规定出资组建项目公司，由项目公司对项目的筹划、资金筹措、建设实施、运营管理、债务偿还、资产管理和项目移交等全过程负责，自主经营，自负盈亏，并在PPP项目合同（即特许经营协议，下同）规定的特许经营期满后，按照PPP项目合同的约定将公路（含土地使用权）、公路附属设施及相关资料等按合同规定无偿移交给交通运输主管部门。**（适用于采用BOT模式实施的项目）**

2.1　乙方有权依法组建项目公司，作为＿＿＿＿＿＿＿＿＿＿（项目名称）的项目法人。政府将按法律、法规、政策及合同规定授予乙方及项目公司投资、改建、运营本项目的特

许权,包括投资建设权、运营期的收费权、公路附属设施经营权等。乙方作为社会资本应按《中华人民共和国公司法》及其他相关法律、法规、政策和合同规定出资组建项目公司,由项目公司对项目改建的筹划、资金筹措、建设实施、运营管理、债务偿还、资产管理和项目移交等全过程负责,自主经营,自负盈亏,并在PPP项目合同规定的特许经营期满后,按照PPP项目合同的约定将公路(含土地使用权)、公路附属设施及相关资料等按合同规定无偿移交给交通运输主管部门。*(适用于采用ROT模式实施的项目)*

2.1 乙方有权依法组建项目公司,作为_____(项目名称)的项目法人。政府将按法律、法规、政策及合同规定授予乙方及项目公司投资、运营本项目的特许权,包括投资权、运营期的收费权、公路附属设施经营权等。乙方作为社会资本应按《中华人民共和国公司法》及其他相关法律、法规、政策和合同规定出资组建项目公司,由项目公司对项目转让的筹划、资金筹措、运营管理、债务偿还、资产管理和项目移交等全过程负责,自主经营,自负盈亏,并在PPP项目合同规定的特许经营期满后,按照PPP项目合同的约定将公路(含土地使用权)、公路附属设施及相关资料等按合同规定无偿移交给交通运输主管部门。*(适用于采用TOT模式实施的项目)*

2.2 乙方应在本协议签订之日起_____日内,按照下列规定组建项目公司,在报请甲方审批后在项目所在地工商部门进行注册登记获得法人资格。

(1)项目资本金应全额作为项目公司的注册资本。项目公司设立时的实收资本应不低于项目资本金的_____%,建设期内乙方应在确保项目建设进度的前提下增加项目公司的实收资本,使项目公司的实收资本自项目公司成立之日起_____年内达到项目资本金的全额。项目公司注册资本的增加、减少、股东变更、股权转让,应按国家有关规定执行并需经甲方批准。

(2)项目公司机构设置和技术、管理、财务人员素质,必须满足乙方投标时所提交的项目实施计划中所承诺的条件,同时应满足项目建设管理、经营管理的需要,符合国家规定的公路建设市场准入条件;在满足上述要求的前提下,项目公司也可按《公路建设项目代建管理办法》委托代建单位设置项目管理机构。*(适用于BOT、ROT模式的项目)*

(3)项目公司应为具有独立法人资格的有限责任公司或股份公司;项目公司以其全部资产对外承担债务,项目公司股东以其出资额为限对公司债务承担责任。

项目公司获得工商登记机关核发的"企业法人营业执照"之日起,除依法律、法规的规定或本协议的约定专属于乙方的权利、义务外,乙方在本协议项下的其他所有权利、义务,均转移给项目公司继受。

2.3 乙方设立项目公司的出资协议、项目公司章程应在签署前获得甲方批准。正式签署的出资协议(原件)、工商管理部门颁发的企业法人营业执照及登记备案的章程(复本)应交甲方存档一份。

2.4 乙方将出资项目投资总额的_____%,即人民币(大写)_____元(¥_____元)作为本项目的资本金。乙方应采取有效措施确保项目资本金按其中标方案注入。乙方承诺出资的项目资本金必须全部为其自有资金(不得为银行贷款或其他拆借资金)。乙方不得以任何方式通过项目公司筹措应由乙方出资的项目资本金。

2.5 项目负债性资金为项目投资总额的_____%,即人民币_____元

（￥_____元），项目公司应采取多种渠道合法地筹集本项目资本金以外的其他建设资金。如果项目公司无法在规定的期限内全额获得本项目其他建设资金，乙方有义务作为担保人筹措相应的建设资金。

2.6 在项目建设期间，由于设计变更、物价上涨、征地拆迁费用上涨等原因造成项目总投资增加的，乙方应相应按比例增加项目资本金投入。

2.7 乙方在本项目建设期内不得抽回、侵占和挪用项目资本金及其他建设资金，也不得将本项目的股权转让给他人。本项目资本金及其余建设资金应按计划分期足额到位，乙方及项目公司应采取有效措施防止资金筹措不力，造成项目建设资金链中断。

2.8 如项目公司经营发生困难，乙方有义务协助进行融资或注资；在项目公司盈利前，乙方不得从项目公司提取任何费用。

2.9 乙方应提交投资人履约担保，并应确保项目公司按招标文件规定按时提交建设期履约担保、运营期履约担保，与甲方签订PPP项目合同，用以约束本项目在建设、运营、移交全过程中双方各项权利与义务。项目公司未与甲方签订PPP项目合同前不得行使对本项目的任何权利。项目公司与甲方签订PPP项目合同后，乙方应对项目公司的履约行为承担连带保证责任。

2.10 乙方应自觉接受甲方的监督管理，并按要求提供相关的资料。

2.11 乙方应自行承担项目未被核准的风险。

2.12 政府参股项目公司的相关规定：_____。

3. 绩效目标

（1）工期目标：_____。（适用于BOT、ROT模式的项目）

（2）交工验收的工程质量目标：_____。（适用于BOT、ROT模式的项目）

（3）竣工验收的工程质量目标：_____。（适用于BOT、ROT模式的项目）

（4）运营养护目标：_____。（适用于BOT、ROT、TOT模式的项目）

（5）服务质量目标：_____。（适用于BOT、ROT、TOT模式的项目）

（6）其他绩效目标：_____。

4. 投资人履约担保

乙方在收到中标通知书后_____个工作日内，并在签订投资协议之前，应向甲方提交投资人履约担保。投资人履约担保应采用_____形式，金额为_____万元人民币。项目交工验收合格之日起_____日内，甲方应当向乙方退还履约担保。

5. 违约条款

5.1 如因乙方原因未能在本协议规定时间内注册项目公司，或虽已遵守上述规定但甲方认为其尚无实施本项目的足够能力时，乙方应按甲方的指示完善项目公司的机构设置、人员配备、资金筹措等方面的工作，直至甲方批准为止。项目公司的注册每延期1天乙方应向甲方支付_____万元的违约金。如在本协议签订后_____天内，项目公司仍未进行注册，或虽已注册但不满足甲方的要求，则甲方有权与乙方解除协议，并没收其投资人履约担保。

5.2 乙方在项目建设期内抽回、侵占或挪用项目资本金及其他建设资金,或者项目资本金未能按期足额到位,经甲方责令限期改正后仍无效的,甲方有权与乙方解除协议,并没收其投资人履约担保。如项目资本金未能在项目公司成立之日起_____年内按计划全部到位,经甲方责令限期改正后_____天内仍未改正的,甲方有权与乙方解除协议,并没收其投资人履约担保。项目建设资金链中断后_____天内,乙方应积极采取行动予以纠正,若项目建设资金链一次性持续中断超过_____天,或多次中断累计超过_____天,甲方有权与乙方解除协议,并没收其投资人履约担保。

5.3 项目公司未能在规定的时间内提交建设期履约担保,或因项目公司原因未能签订PPP项目合同,每延期1天乙方应向甲方支付_____万元的违约金。如延期时间超过_____天,则甲方有权与乙方解除协议,并没收其投资人履约担保。

5.4 发生本款所述行为,致使本协议无法继续履行或协议目的无法实现的,乙方有权通过对甲方发出有效通知的方式随时终止或解除本协议,甲方应对乙方的损失进行补偿:

(1) 由于甲方的原因,致使本协议无法继续履行或协议目的无法实现,并且乙方提供了充足的证据证明两者之间的因果联系;

(2) 甲方违反本协议规定的主要义务,并且不能在自乙方发出要求甲方纠正其违约行为的书面通知起_____天内改正此行为。

6. 免责条款

6.1 不可抗力事件是指战争、动乱、地震、飓风、台风、火山爆发或水灾等不能预见、不能避免并不能克服的客观情况。

6.2 因不可抗力致使当事人一方不能履行本协议的,应及时采取补救措施并通知对方,并在7天内提供证明。

6.3 因不可抗力致使本协议无法按期履行或不能履行的,所造成的损失由各方自行承担。一方未及时采取补救措施的,应就扩大的损失负赔偿责任。

7. 争议的解决

本协议在履行过程中发生的争议,各方本着友好、互利的原则协商解决;也可由有关部门调解解决,协商或调解不成的,应提交_____仲裁委员会进行仲裁或向约定的_____法院提起诉讼。

8. 其他事项

8.1 本协议未尽事宜,由双方协商解决。

8.2 本协议由双方法定代表人或其授权的代理人签署、加盖单位章并经有权部门批准后生效,在特许经营期满1年后本协议失效。

8.3 本协议正本_____份、副本_____份,协议双方各执正本_____份,副本_____份,当正本与副本的内容不一致时,以正本为准。

甲　方:(单位全称)(盖单位章)	乙　方:(单位全称)(盖单位章)
法定代表人或其授权的代理人:	法定代表人或其授权的代理人:
(职务)	(职务)
(姓名)	(姓名)
(签字)	(签字)

日期:_____年____月____日　　　　日期:_____年____月____日

第二节　政府和社会资本合作项目合同

A. 协　议　书

甲方：_____
乙方：_____

鉴于甲方为_____（公路项目名称）并愿意接受乙方作为该项目的项目公司，现由甲方和乙方于_____年_____月_____日共同达成并签订本协议如下：

1. 下列文件应视为构成并作为阅读和理解本协议的组成部分，即：

（1）本协议书及附件（含投标人在评标期间递交和确认并经招标人同意的对有关问题的补充资料、澄清文件、招标结果确认谈判备忘录等，如果有）；

（2）投资协议；

（3）中标通知书；

（4）投标函；

（5）政府和社会资本合作项目合同条款（含招标文件补遗书中与此有关的部分，如果有）；

（6）投标文件附表；

（7）项目实施计划；

（8）构成本协议组成部分的其他文件。

2. 上述文件将互相补充，若有不明确或不一致之处，以上列次序在先者为准。

3. 乙方在此立约：保证按照协议文件的规定对项目的筹划、资金筹措、建设实施、运营管理、债务偿还、资产管理和项目移交等全过程负责，自主经营，自负盈亏。

4. 甲方在此立约：保证按照协议文件的规定向乙方提供实施本项目所必需的政策支持和必要的协助。

5. 本项目的特许经营期分为建设期和运营期（含收费期）两个阶段，其中：建设期：_____年，自项目开工日起至交工日止；运营期（含收费期）：自交工日起至项目移交日止，其中收费期_____年，自本项目收费许可颁布之日起计。特许经营期满后，乙方应按照特许权协议的约定将公路（含土地使用权）、公路附属设施及相关资料无偿移交给交通运输主管部门。

6. 本协议在乙方提供履约担保，由双方法定代表人或其授权的代理人签署、加盖单位章并经有权部门批准后生效。特许经营期满，乙方将本项目全部移交给甲方指定的机构1年后失效。

7. 本协议正本_____份、副本_____份，协议双方各执正本_____份，副本_____份，当正本与副本的内容不一致时，以正本为准。

甲　方:(单位全称)(盖单位章)　　　　乙　方:(单位全称)(盖单位章)
法定代表人或其授权的代理人　　　　　法定代表人或其授权的代理人
(职务)　　　　　　　　　　　　　　　(职务)
(姓名)　　　　　　　　　　　　　　　(姓名)
(签字)　　　　　　　　　　　　　　　(签字)
日期:_____年_____月_____日　　　日期:_____年_____月_____日

B. 政府和社会资本合作项目合同条款

一、总则

【政府和社会资本合作项目合同(简称:PPP项目合同),是指政府主体和社会资本主体依据《中华人民共和国合同法》及其他法律法规就政府和社会资本合作项目的实施所订立的合同文件。

本款就项目合同全局性事项进行说明和约定,具体包括合同相关术语的定义和解释、合同签订的背景和目的、声明和保证、合同生效条件、合同体系构成等,为项目合同的必备。】

第1条 术语定义和解释

【为避免歧义,项目合同中涉及的重要术语需要根据项目具体情况加以定义。凡经定义的术语,在项目合同文本中的内涵和外延应与其定义保持一致。

需要定义和解释的术语通常包括但不限于:

(1)项目名称与涉及合同主体或项目相关方的术语,如"市政府"、"项目公司"等。

(2)涉及项目技术经济特征的相关术语,如"服务范围"、"技术标准"、"服务标准"等。

(3)涉及时间安排或时间节点的相关术语,如"开工日"、"试运营日"、"特许经营期"等。

(4)涉及合同履行的相关术语,如"批准"、"不可抗力"、"法律变更"等。

(5)其他需定义的术语。】

1.1 定义

除非本合同中另有规定或说明,下列术语应具有本款所指的含义:

1.1.1 本合同系指由合同双方依据《中华人民共和国合同法》及其他法律法规就(公路项目名称)的实施所订立的合同文件,包括合同正文及其附件,以及本合同第5条规定的其他文件。

1.1.2 "项目"系指(公路项目名称)及其附属设施。

1.1.3 "项目附属设施"系指为保护、养护项目和保障项目安全畅通所设置的防护、排水、养护、管理、服务、交通安全、监控、通信、收费等设施、设备以及专用建筑物、构筑物等。

1.1.4 "政府"系指授权项目实施机构按政府和社会资本合作模式实施本项目的人民政府。

1.1.5 "甲方"系指依法组织本项目社会资本招标工作的项目实施机构。

1.1.6 "社会资本"系指其投标已被甲方所接受,作为项目社会资本投资主体的单位或单位组成的联合体。

1.1.7 "乙方"系指社会资本为投资、建设、经营管理、移交项目而在项目所在地登记注册具有法人资格的项目公司。

1.1.8 "承包人"系指与乙方签订施工合同承担本项目全部或部分工程施工任务

的施工单位。

1.1.9 "特许经营权"系指依据本合同而授予乙方的全部权利、利益,包括在特许经营期间的排他性权利。该项权利的具体内容由本合同第8.2款规定。上述合作范围是排他的,即政府在项目合作期限内不会就该PPP项目合同项下的全部或部分内容与其他任何一方合作。

1.1.10 "特许经营期"系指根据本合同授予乙方特许经营权的期限,该期限由本合同2.2款规定,并可依据本合同的规定进行修改。

1.1.11 "法律变更"系指(1)本合同开始执行后中华人民共和国的法律、法规的修订、司法解释及新颁布;或(2)项目所在地省级人民代表大会及其常务委员会、人民政府新颁布或修订有关法规、规章等。

1.1.12 "土地使用权"系指由项目所在地土地管理部门划拨给乙方使用的项目土地使用权。

1.1.13 "土地使用权证明"系指由项目所在地土地管理部门向乙方核发的土地划拨使用权证。

1.1.14 "项目合同"系指乙方为执行本合同与其他任何当事人签订的本项目下的任何合同。

1.1.15 "施工合同"系指乙方为建设项目而与承包人签订的合同。

1.1.16 "开工日"系指政府相关主管部门颁发项目施工许可证之日。

1.1.17 "交工日"系指实质上完成项目施工并合格地通过交工验收后,在交工证书中标明的日期。

1.1.18 "移交日"系指特许经营期满后的第一日。

1.1.19 "运营养护手册"系指由乙方按照本合同第42.1.1项制订的运营、养护和维修手册。

1.1.20 "项目计划"系指由乙方编制并报甲方批准的建设项目的计划,该计划可以依本合同进行修改。

1.1.21 "质量保证体系"系指乙方根据规范及有关质量标准和技术要求制订和执行的体系,该体系的目的是为确保项目的设计、施工、运营和养护的质量。

1.1.22 "相关资产"系指项目及其附属设施,附属于施工、运营和养护的机械、设备、库存和植被,以及所有的无形资产和土地使用权。

1.1.23 "公路用地"系指为修建、养护项目及其附属设施,依照国家规定所征用的地幅。

1.1.24 "规范"系指本合同附件一规定的关于项目的标准和规范,包括设计规范、施工规范和其他相关规范。

1.1.25 "初步设计"系指根据本合同第18.3款规定由乙方负责的初步设计。

1.1.26 "施工图设计"系指根据本合同第18.3款规定由乙方负责的施工图设计。

1.1.27 "通行费"系指向通过项目的车辆收取的通行费。

1.1.28 "公共设施"系指水、煤气、电、排水、排污和通信(包括远程通信)等设施设备。

1.1.29 "公共设施管线"系指电线,用于通信的电话线或线缆,任何远程通信设备,供水、供气或输油的管道,排水、排污管道,以及与上述线缆、管道、设备或管线有关的辅助设施。

1.1.30 "特种车辆"系指军队车辆、武警部队车辆,公安机关在项目上处理交通事故、执行正常巡逻任务和处置突发事件的统一标志的制式警车、经政府批准执行抢险救灾任务的车辆、进行跨区作业的联合收割机、运输联合收割机(包括插秧机)车辆。

1.1.31 "一方"、"双方"指本协议的一方或双方,并且包括经允许的替代该方的人或该方的受让人。

1.1.32 一段时间(包括一年、一个季度、一个月和一天)指按公历计算的该时间段。

1.1.33 "包括"是指"包括但不限于"。

1.1.34 任何合同或文件包括经修订、更新、补充或替代后的该合同或文件。

1.1.35 "投资协议"是指由政府或其授权的机构与本项目社会资本签订的采用PPP模式实施本项目的协议。

1.2 解释规则

本合同各级标题仅为参考所设,不应影响合同条文的解释。

在本合同中,除结合上下文另有含义外,下列术语的含义指:

1.2.1 "批准"包括审批、审查、许可、登记、核准、核备、备案等,其具体含义由甲方根据法律及法规的规定予以解释和应用。

1.2.2 "法律及法规"包括宪法、法律、行政法规、部门规章、省部级及省部级以上部门制定和颁布的规范性文件。

1.2.3 "人"包括任何自然人、企业法人、社会团体、事业法人、合伙人、行政机关和其他组织及其代理机构。

1.2.4 "税"包括目前或以后由任何税务机关或其他机构收取、征收、预提的任何性质的税费、收费、关税、费用和预提税等,并包括任何可支付的或可要求的利息、罚金或其他收费,"税收"一词应据此做相应解释。

1.3 继受人和被转让人

本合同中提及的甲方和乙方及任何其他人应包括其各自被许可的继受人和被转让人,以及任何获得其所有者权利的人。

为避免歧义,项目合同中涉及的重要术语需要根据项目具体情况加以定义。凡经定义的术语,在项目合同文本中的内涵和外延应与其定义保持一致。

第 2 条 合同背景和目的

【为便于更准确地理解和执行项目合同,对合同签署的相关背景、目的等加以简要说明。】

为加快_____公路建设,改善公路网布局,提高干线公路通行能力,促进交通运输和社会经济的发展,经_____政府批准,采用政府和社会资本合作(PPP)模式实施本项目。

第 3 条 声明和保证

【项目合同各方需就订立合同的主体资格及履行合同的相关事项加以声明和保证,

并明确项目合同各方因违反声明和保证应承担相应责任。主要内容包括：

（1）关于已充分理解合同背景和目的，并承诺按合同相关约定执行合同的声明；

（2）关于合同签署主体具有相应法律资格及履约能力的声明；

（3）关于合同签署人已获得合同签署资格授权的声明；

（4）关于对所声明内容真实性、准确性、完整性的保证或承诺；

（5）关于诚信履约、提供持续服务和维护公共利益的保证；

（6）其他声明或保证。】

本合同各方对以下事项加以声明和保证：

（1）已充分理解合同背景和目的，承诺按合同相关约定执行合同，不违反现行的法律、法规；

（2）合同签署主体均具有相应法律资格及履约能力，能够全面履行本合同中每一项义务；

（3）代表本方签署本合同的自然人是本方的法定代表人，该签约行为引起的法律后果由本方承担；

（4）承诺合同各方所声明的内容真实、准确和完整；

（5）合同各方将诚信履约、提供持续服务并维护公共利益；

（6）其他声明或保证：_____。

违反上述声明和保证的合同任何一方应按本合同第十三章规定承担相应责任。

第 4 条　合同生效条件

【根据有关法律法规及相关约定，涉及项目合同生效条件的，应予明确。】

本合同同时满足下列条件后生效：

（1）_____发展和改革委员会依法核准项目申请报告；

（2）本合同经_____政府批准；

（3）乙方按本合同第 11 条约定向甲方提供了有效的建设期履约担保。

乙方自本合同生效之日起取得项目特许经营权。

第 5 条　合同构成及优先次序

【本条应明确项目合同的文件构成，包括合同正文、合同附件、补充协议和变更协议等，并对其优先次序予以明确。】

合同的构成及优先次序以第一部分协议书约定的为准。

如合同当事人就某项合同文件作出补充和修改，属于同一类内容的文件，应以最新签署的为准。

在合同订立及履行过程中形成的与合同有关的文件均构成合同文件组成部分，并根据其性质确定优先解释顺序。

二、合同主体

【本款重点明确项目合同各主体资格，并概括性地约定各主体的主要权利和义务，为项目合同的必备。】

第6条 甲方

【(1) 主体资格

签订项目合同的政府主体,应是具有相应行政权力的政府,或其授权的实施机构。本条应明确以下内容:

①政府主体的名称、住所、法定代表人等基本情况;

②政府主体出现机构调整时的延续或承继方式。

(2) 权利界定

项目合同应明确政府主体拥有以下权利:

①按照有关法律法规和政府管理的相关职能规定,行使政府监管的权力;

②行使项目合同约定的权利。

(3) 义务界定

项目合同应概括约定政府主体需要承担的主要义务,如遵守项目合同、及时提供项目配套条件、项目审批协调支持、维护市场秩序等。】

6.1 甲方资格

(1) 签订本合同的甲方应是具有相应行政权力的政府,或经过相应政府授权的项目实施机构。

甲 方 名 称:_____
住 所 地:_____
邮 编:_____
法定代表人:_____
职 务:_____
电 话:_____
传 真:_____

(2) 甲方同任何其他政府机构或其代理机构或主要拥有的公司或实体合并,或将其在本合同项下的权利及义务转让给后者,本合同依然保持有效,并由受让者负责继续履行甲方在本合同项下的义务并承担全部责任。

6.2 权利界定

甲方除享有本合同其他各章约定的权利外,还享有以下权利:

(1) 有权要求乙方全面履行法律、法规等规定的以及本合同约定的义务;

(2) 按照有关法律法规和政府管理的相关职能规定,行使政府监管的权力。甲方有权自行或委托专业机构对社会资本出资情况、资金的使用、设立项目公司以及对项目的设计、建设、运营、养护、维修和移交进行监督管理;

(3) 按照项目所在地现行规定严格履行行政监督、行政执法、路政管理以及对项目沿线经营开发的行业管理工作;

(4) 对乙方违反法律、法规、规章等的行为依法进行处理,对乙方违反本合同约定的行为依法追究违约责任;

(5) 按合同约定享有项目超额收益分享的权利;

(6) 法律、法规规定的其他权利。

6.3 义务界定

甲方除履行本合同其他各章约定的义务外,还应履行以下义务:

(1)遵守与项目建设、运营、养护有关的法律、法规等;

(2)按照国家及项目所在地有关法律及法规,在其权限和管辖范围内尽力协助社会资本及时获得设立项目公司、投资以及乙方进行项目融资贷款、设计、建设、运营、养护及管理所必需的批文;协助乙方办理项目核准手续,协调审批程序,以获得本项目所需的其他批准;

(3)对乙方达不到合理回报水平的,应按合同约定采取调整收费标准、和(或)提供运营期补贴等方式补贴乙方;

(4)甲方负责运营和养护连接项目的道路和其他基础设施,以保证通往项目的交通的高效和安全;

(5)由于法律、法规、政策的变化导致本项目无法继续履行的,甲方将按照本合同的约定,对乙方进行合理的补偿;

(6)甲方不应干预项目的正常实施,除非此种干预是为保护公共利益及安全所必需的,或是由法律、法规所赋予的权利;

(7)按附件八的约定,承担应由其承担的风险。

(8)法律、法规规定的其他义务。

第7条 乙方

【(1)主体资格

签订项目合同的社会资本主体,应是符合条件的国有企业、民营企业、外商投资企业、混合所有制企业,或其他投资、经营主体。

本条应明确以下内容:

①社会资本主体的名称、住所、法定代表人等基本情况;

②项目合作期间社会资本主体应维持的资格和条件。

(2)权利界定

项目合同应明确社会资本主体的主要权利:

①按约定获得政府支持的权利;

②按项目合同约定实施项目、获得相应回报的权利等。

(3)义务界定

项目合同应明确社会资本主体在合作期间应履行的主要义务,如按约定提供项目资金,履行环境、地质、文物保护及安全生产等义务,承担社会责任等。

(4)对项目公司的约定

如以设立项目公司的方式实施合作项目,应根据项目实际情况,明确项目公司的设立及其存续期间法人治理结构及经营管理机制等事项,如:

①项目公司注册资金、住所、组织形式等的限制性要求;

②项目公司股东结构、董事会、监事会及决策机制安排;

③项目公司股权、实际控制权、重要人事发生变化的处理方式。

如政府参股项目公司的,还应明确政府出资人代表、投资金额、股权比例、出资方式等;政府股份享有的分配权益,如是否享有与其他股东同等的权益,在利润分配顺序上是否予以优先安排等;政府股东代表在项目公司法人治理结构中的特殊安排,如在特定事项上是否拥有否决权等。】

7.1 乙方资格

签订本合同的乙方应是由符合条件的社会资本依法为本项目成立的特别目的公司。

乙 方 名 称:_____
住 所 地:_____
邮 编:_____
法定代表人:_____ 职务:_____
电 话:_____ 传真:_____

7.2 权利界定

乙方除享有本合同其他各章约定的权利外,还享有以下权利:

(1)有权要求甲方全面履行法律、法规等规定的以及本合同约定的义务;

(2)享有政府授予的特许经营权,并按合同约定获得政府支持的权利;

(3)有权对甲方未按照法律、法规等以及本合同约定履行义务的行为予以投诉、控告、申诉,对甲方违反本合同约定的行为依法追究违约责任;

(4)有权对第三人侵害项目特许经营权的行为提起诉讼或仲裁;

(5)按项目合同约定实施项目、获得相应回报的权利;

(6)在特许经营期内,享受国家、_____省以及项目所在地、市给予的优惠政策;

(7)法律、法规规定的其他权利。

7.3 义务界定

乙方除履行本合同其他各章约定的义务外,还应履行以下义务:

(1)遵守与项目建设、运营、养护有关的法律、法规等;承担按合同约定乙方应承担的风险,向社会提供公路通行的公共服务;

(2)接受甲方及其他主管部门对本项目建设资金的筹措与使用、招标投标活动、建设施工和运营管理各方面的监督和检查;接受有关主管部门的行业管理及监督、检查;

(3)按有关规定实行建设前、建设期间、竣工决算审计制度,接受并配合国家审计机关或交通运输主管部门的审计;项目未经审计,不得办理竣工验收手续,不得报批竣工决算;

(4)严格执行项目法人责任制、项目资本金制、招标投标制、合同管理制、工程监理制等有关规定;

(5)依法依约建立、健全并执行包括计划、统计、技术、财务、物资材料、设备设施等在内的各项管理制度,全面完成项目建设、运营及养护任务;

(6)按照本合同的规定筹措项目建设、运营、养护所必需的全部资金。乙方应当按照本合同及相关规定管理和使用项目建设资金,做到专款专用,专户储存;按照工程进度,及时支付工程款;按照规定的期限及时退还保证金、办理工程结算;不得拖欠工程款和征地拆迁款,不得挤占挪用建设资金;

(7)采取有效、可行的建设、运营管理方案,可以自行组织力量完成项目的建设、运营管理,或委托由当地政府组建的机构代理项目的建设、运营管理,也可委托有相应资信、技术力量、经验的专业中介单位代理项目的建设、运营管理。乙方在本合同中的各项权利和业务不因该委托合同的签订发生转移;

(8)严格执行国家规定的基本建设程序,不得违反或者擅自简化基本建设程序,依法办理项目建设、经营管理中各项报批、备案等手续;严格执行公路建设行业的强制性标准、各类技术规范、标准及规程的要求;

(9)对项目的工程质量和财产、人员安全负责。乙方应按照国家有关规定建立健全质量和安全保证体系,落实质量和安全生产责任制,施工中应加强对承包人的监督和管理,运营养护期应加强对职工的教育与培训,确保项目的工程质量和财产、人员安全;

(10)严格执行有关环境保护和土地管理的规定,依法做好项目的环境设计、施工及竣工验收,采取有效措施保护环境和节约用地。在实施本项目的过程中因环境污染和水土流失而造成人身伤亡、财产损失、罚款、经济赔偿、诉讼及其他一切责任,均由乙方负责;

(11)采取措施保护在项目施工、运营或养护过程中可能发掘出的文物、古迹等,并承担相应费用;

(12)按照规定建立公路从业单位信用管理台账,及时、客观、公正地对公路从业单位进行信用评价;

(13)为项目的设计、施工、运营、养护及管理的需要,向保险公司投保各种必须的保险,并自行承担保险费。上述保险的保险单副本应报甲方核备。未办理保险所造成的损失由乙方自行承担;

(14)服从甲方有关公路联网收费的统一规定和技术要求,承担项目范围内的路网收费设施的新改建费用及可能分摊的联网收费费用;收费应优先用于保证项目的正常运营,提供不间断的通行服务;

(15)按照有关技术政策和技术规范要求,定期或经常性地对项目运行状况进行检测、检查和维护,使项目及其附属设施经常处于良好状态,并定期向甲方报送公路养护情况;

(16)在特许经营期限届满后以良好的运营和养护状态将项目所有设施无偿移交给甲方指定机构;

(17)按照《中华人民共和国档案法》等有关法律、法规的规定进行档案管理;

(18)协助和配合交通和公安等部门依法行政;

(19)依法缴纳有关税费和基金;

(20)在签订下列合同后14日内,乙方应将合同复印件报甲方备案:

a. 勘察设计、施工、监理等建设工程合同;

b. 涉及收费权质押或项目资产抵押的贷款或融资合同;

c. 与服务设施承包、租赁有关的重大合同;

d. 与建设管理或运营管理有关的重大合同。

(21)按附件八的约定,承担应由其承担的风险;

(22)接受国家法律、法规监管的义务;遵守法律、法规规定的其他义务。

7.4 对项目公司的约定

(1)项目公司的成立

a. 项目公司应为具有独立法人资格的有限责任公司或股份公司;项目公司以其全部资产对外承担债务,项目公司股东以其出资额为限对公司债务承担责任。

项目公司获得工商登记机关核发的"企业法人营业执照"之日起,除依法律、法规的规定或投资协议的约定专属于社会资本的权利、义务外,社会资本在投资协议项下的其他所有权利、义务,均转移给项目公司继受。

b. 社会资本设立项目公司的出资协议、项目公司章程应在签署前获得甲方批准。正式签署的出资协议(原件)、工商管理部门颁发的企业法人营业执照及登记备案的章程(复本)应交甲方存档一份。

(2)项目公司的经营范围

a. 项目公司应在特许经营权的范围内进行经营。其经营范围包括:项目的投资、建设(如有)、经营;项目沿线规定区域内的服务设施和广告业务的经营。

b. 在本项目特许经营期内,未经甲方批准,项目公司不得从事任何与本项目无关的经营活动或对本项目以外的项目进行投资、资金借贷及借贷担保等行为;非因本项目融资和经营需要,项目公司不得以本合同项下的权益设定抵押或质押。

(3)项目公司应在移交日后继续存续一年。

(4)如果项目公司破产或者发生项目公司违反本合同约定事件导致本合同被提前终止,甲方有权提名一个替代主体代替项目公司。一旦这种替代获得批准,甲方有权在合理时间内实现这种替代,并将相关情况通知项目公司,项目公司应给予充分配合并移交与项目建设、运营和管理有关的所有资料。

(5)对项目公司的其他约定:＿＿＿＿＿＿＿＿＿＿(项目公司的设立及其存续期间法人治理结构及经营管理机制等事项等)。

三、合作关系

【本款主要约定政府和社会资本合作关系的重要事项,包括合作内容、合作期限、排他性约定及合作的履约保证等。

本章为项目合同的必备篇章。】

第8条 合作内容

【项目合同应明确界定政府和社会资本合作的主要事项,包括:

(1)项目范围

明确合作项目的边界范围。如涉及投资的,应明确投资标的物的范围;涉及工程建设的,应明确项目建设内容;涉及提供服务的,应明确服务对象及内容等。

(2)政府提供的条件

明确政府为合作项目提供的主要条件或支持措施,如授予社会资本主体相关权利、提供项目配套条件及投融资支持等。

涉及政府向社会资本主体授予特许经营权等特定权利的,应明确社会资本主体获得该项权利的方式和条件,是否需要缴纳费用,以及费用计算方法、支付时间、支付方式及程序等事项,并明确社会资本主体对政府授予权利的使用方式及限制性条款,如不得擅自转让、出租特许经营权等。

(3)社会资本主体承担的任务

明确社会资本主体应承担的主要工作,如项目投资、建设、运营、维护等。

(4)回报方式

明确社会资本主体在合作期间获得回报的具体途径。根据项目性质和特点,项目收入来源主要包括使用者付费、使用者付费与政府补贴相结合、政府付费购买服务等方式。

(5)项目资产权属

明确合作各阶段项目有形及无形资产的所有权、使用权、收益权、处置权的归属。

(6)土地获取和使用权利

明确合作项目土地获得方式,并约定社会资本主体对项目土地的使用权限。】

8.1 项目范围

项目起于_____,止于_____,全长_____公里,采用_____标准建设。

8.2 政府提供的条件

(1)在乙方遵守本合同对其规定的各项义务的前提下,甲方在此授予乙方独占的、具有排他性的特许经营权,该权利在整个特许经营期内有效。乙方享有的特许经营权包括:

a. 投资、设计(如有)、施工建设(如有)项目的权利;

b. 运营、管理项目的权利;

c. 收取车辆通行费的权利;

d. 项目沿线规定区域内的服务设施经营权;

e. 项目沿线规定区域内的广告经营权等。

(2)政府为合作项目提供的其他条件或支持措施:_____。

8.3 乙方承担的任务

为了保证乙方依法享有项目特许经营权,乙方应当:

(1)按照相关法律、法规等的规定,负责项目的筹划、资金筹措、建设实施(如有)、经营管理、债务偿还、资产管理和项目移交的全过程,对项目的质量、投资、工期、安全、环境保护等承担全部责任和义务;

(2)依法经营管理项目,承担养护项目、保持项目良好服务水平的责任;

(3)特许经营期届满,按本合同第九章约定完好、无偿移交项目。

8.4 回报方式

乙方在特许经营期内获得回报的来源为:<u>使用者付费/使用者付费与政府补贴相结合/政府付费购买服务</u>。

8.5 项目资产权属

在特许经营期内,乙方仅享有本项目及其附属设施的使用权和收益权,本项目及其附属设施等各项有形及无形资产的所有权和处置权仍归甲方所有。

8.6 土地获取和使用权利

(1)甲方将以划拨方式向乙方提供项目的土地使用权,并协助乙方办理相关手续,乙方承担一切费用。

(2)未经甲方批准,乙方不得变更项目建设用地的土地用途,也不得将该土地转让、出租和抵押。

第9条 合作期限

【明确项目合作期限及合作的起讫时间和重要节点。】

(1)特许经营期为项目合作期限,包括建设期和运营期(含收费期)两个阶段,其中:建设期:_____年,自项目开工日起至交工日止;运营期(含收费期):自交工日起至项目移交日止,其中收费期_____年,自本项目收费许可颁布之日起计,除非本合同因故提前终止。

(2)如因乙方原因造成建设期延长,延长的建设期将相应抵扣收费期,并且将按本合同有关规定要求乙方承担违约责任;如因甲方违反合同或者项目范围变动或者为保护在建设用地范围内发现的历史文物或者不可抗力原因造成建设期延长,且甲方已经批准,则收费期维持不变。

第10条 排他性约定

【如有必要,可做出合作期间内的排他性约定,如对政府同类授权的限制等。】

(1)根据本合同授予乙方的特许经营权在特许经营期间内是专属于乙方的。甲方应确保特许经营权的任何部分在特许经营期间将不再被授予其他的人。

(2)本项目达到设计通行能力之前,除本次招标前国家、省已规划的公路项目外,政府将严格控制审批建造可能与本项目形成竞争关系,并对项目车流量造成重大分流影响的同等级的公路项目。

第11条 合作履约担保

【如有必要,可以约定项目合同各方的履约担保事项,明确履约担保的类型、提供方式、提供时间、担保额度、兑取条件和退还等。对于合作周期较长的项目,可分阶段安排履约担保。】

11.1 建设期的履约担保

(1)乙方注册登记并完成项目核准手续后30天内,并在签订本合同之前,乙方应向甲方提交建设期履约担保,担保金额为_____。乙方可任选下列一种履约担保的形式:现金(电汇或银行汇票形式)或银行保函。若采用银行保函,则应由具有相应担保额度的国有商业银行或股份制商业银行_____级别以上的银行开具,并使用招标文件提供的格式或甲方批准的其他格式。

(2)建设期履约担保的担保有效期自招标人与项目公司签订的政府和社会资本合作项目合同生效之日起至本项目通过竣工验收且项目公司按政府和社会资本合作项目合

同的规定提交运营期履约担保 30 天后止。

(3) 为取得建设期履约担保所需的费用,由乙方自行负责。

11.2 运营期的履约担保

自竣工验收鉴定书签发后次年起,乙方应在每年 2 月 1 日之前向甲方交纳上一年度运营收入的 ＿＿＿＿＿＿＿ % 作为乙方在运营期的履约担保,直至累计金额达 ＿＿＿＿＿＿＿ 亿元人民币为止。如甲方因乙方违约而从运营期履约担保中扣除违约金,使履约担保总额少于 ＿＿＿＿＿＿＿ 亿元人民币,则甲方有权继续从乙方的运营收入中扣除履约担保,以保证履约担保总金额维持在 ＿＿＿＿＿＿＿ 亿元人民币。在特许经营期满 12 个月后,并在乙方履行了本合同规定的各项义务之后,甲方应在 30 天内将运营期履约担保退还给乙方。

为取得运营期履约担保所需的费用,由乙方自行负责。

四、投资计划及融资方案

【本款重点约定项目投资规模、投资计划、投资控制、资金筹措、融资条件、投融资监管及违约责任等事项。

本款适用于包含新建、改扩建工程,或政府向社会资本主体转让资产(或股权)的合作项目。】

第 12 条 项目总投资

【(1) 投资规模及其构成

① 对于包含新建、改扩建工程的合作项目,应在合同中明确工程建设总投资及构成,包括建筑工程费、设备及工器具购置费、安装工程费、工程建设其他费用、基本预备费、价差预备费、建设期利息、流动资金等。合同应明确总投资的认定依据,如投资估算、投资概算或竣工决算等。

② 对于包含政府向社会资本主体转让资产(或股权)的合作项目,应在合同中明确受让价款及其构成。

(2) 项目投资计划

明确合作项目的分年度投资计划。】

12.1 投资规模及其构成

(1) 项目总投资包括建筑安装工程费、设备及工器具购置费、工程建设其他费用、价差预备费和基本预备费。

(2) 项目总投资的最终认定以竣工决算为准。

12.2 项目投资计划

【明确合作项目的分年度投资计划。】

第 13 条 投资控制责任

【明确社会资本主体对约定的项目总投资所承担的投资控制责任。根据合作项目特点,可约定社会资本主体承担全部超支责任、部分超支责任,或不承担超支责任。】

乙方按本合同第 28 条的约定对项目总投资承担部分超支责任。

第 14 条　融资方案

【项目合同需要明确项目总投资的资金来源和到位计划,包括以下事项：

(1)项目资本金比例及出资方式；

(2)债务资金的规模、来源及融资条件。如有必要,可约定政府为债务融资提供的支持条件；

(3)各类资金的到位计划。】

14.1　融资方案的基本要求

(1)社会资本将出资项目投资总额的_____%,即人民币(大写)_____元(¥_____元)作为本项目的资本金。社会资本应采取有效措施确保项目资本金按其中标方案注入。社会资本承诺出资的项目资本金必须全部为其自有资金(不得为银行贷款或其他拆借资金)。社会资本不得以任何方式通过项目公司筹措应由社会资本出资的项目资本金。

(2)项目负债性资金为项目投资总额的_____%,即人民币(大写)_____元(¥_____元),项目公司应采取多种渠道合法地筹集本项目资本金以外的其他建设资金。如果项目公司无法在规定的期限内全额获得本项目其他建设资金,社会资本有义务作为担保人筹措相应的建设资金。

(3)项目资本金与负债性资金应按照本条约定的比例以及甲方下达的项目年度投资计划、乙方根据该计划编制的年度资金使用预算和工程进度及时到位。各类资金的到位计划如下：_____。

(4)在项目建设期间,由于设计变更、物价上涨、征地拆迁费用上涨等原因造成项目总投资增加的,社会资本应相应按比例增加项目资本金。

14.2　融资方案的批准

在特许经营期内,乙方股权结构的变更,包括股权融资、债权融资或公路经营权有偿转让或乙方内部股权结构的调整等,均应将融资方案(包括融资方式、资产评估结果、融资期等)报请甲方批准。若未取得甲方的批准,乙方不得以项目为资本进行融资活动。即使得到了甲方的批准,甲方不能做为乙方融资活动的担保人,更不能为乙方的上述融资活动承担任何风险和责任。

14.3　工程资金链的保证

(1)社会资本在本项目建设期内不得抽回、侵占和挪用项目资本金及其他建设资金,也不得将本项目的股权转让给他人。本项目资本金及其余建设资金应按计划分期足额到位,社会资本及项目公司应采取有效措施防止资金筹措不力,造成项目建设资金链中断。

(2)乙方应在每期项目资本金到位后 30 天内将有关财务凭证报甲方或甲方指定机构审查,以便甲方确认项目资本金是否按规定的比例如期到位。

14.4　财务管理的一般要求

(1)乙方应建立健全财务管理制度,完善内部经营责任制,严格执行国家规定的各项财务开支范围和标准,如实反映企业财务状况和经营成果,依法缴纳税费,并接受有关机关的检查监督,保证社会资本权益不受侵犯。

(2)乙方应在其经营场所保存所有账簿及其他与项目运营、养护和维修有关的财务记录,并可在上述地点随时提供给甲方查阅。

(3)乙方应与甲方指定的资金监管银行签订资金管理协议(格式见招标文件规定),严格按照资金管理协议的约定管理、使用建设资金,接受监管银行资金监管,确保项目资金专款专用。

(4)乙方应对自己的经营活动负责,并按有关法律法规的规定编制财务报表。

(5)乙方应定期向甲方提交下列文件:

a. 年度基本建设支出预算、财务决算等财务报告;

b. 在各季度第1个月结束之前提交上一季度的乙方现金收支季度总结报表;

c. 在每年3月1日之前提交上一年度的企业财务报表(包括财务报表说明、资产负债表、现金流量表、利润及利润分配表、会计报表附注及其他财务资料)及由独立于乙方的有资格的会计师事务所出具的年度审计报告。

(6)乙方还应按甲方的要求随时提交专项报告以及关于乙方财务状况的信息资料。

第15条 政府提供的其他投融资支持

【如政府为合作项目提供投资补助、基金注资、担保补贴、贷款贴息等支持,应明确具体方式及必要条件。】

政府给予项目的资本金补助:_____。

第16条 投融资监管

【若需要设定对投融资的特别监管措施,应在合同中明确监管主体、内容、方法和程序,以及监管费用的安排等事项。】

(1)为保障本项目的顺利实施,甲方有权采取查账或审计等措施对项目建设资金实行监管,乙方应积极配合,接受甲方因为检查而提出的意见,并立即纠正,将纠正结果报甲方备案。

(2)乙方通过银行贷款等途径筹集项目建设和运营资金,对贷款资金和募集款项,甲方有权通过过程审计以及引入金融机构参与资金管理等手段和方式加强监管,保证资金专款专用。

(3)甲方实施投融资监管而产生的费用由甲方自行承担。

(4)甲方有权就以下事项对项目建设资金实行监管:

a. 筹措资金来源是否合法;

b. 筹措项目资本金是否符合本合同第14条约定的比例;

c. 是否严格执行甲方下达的项目年度投资计划,项目资本金与负债性资金是否及时到位;

d. 是否抽逃、挪用、挤占、截留建设资金,高息集资和变相高息集资;

e. 是否严格执行基本建设程序及建设资金专款专用、专户储存管理的规定;

f. 是否严格执行概预算管理的有关规定;

g. 是否将建设资金用于项目外工程；

h. 是否擅自改变建设项目、建设规模和技术标准；

i. 是否按合同约定拨付征迁协调费、工程进度款、设备材料货款等相关款项；

j. 是否按规定收取、保管施工履约担保、工程质量保证金；

k. 是否建立健全财务机构，财务制度是否规范；

l. 是否存在违反与建设资金筹措、使用监管有关的法律、法规等规定的其他行为。

第17条 投融资违约及其处理[①]

【项目合同应明确各方投融资违约行为的认定和违约责任。可视影响将违约行为划分为重大违约和一般违约，并分别约定违约责任。】

五、项目前期工作

【本款重点约定合作项目前期工作内容、任务分工、经费承担及违约责任等事项，为项目合同的必备。】

第18条 前期工作内容及要求

【明确项目需要完成的前期工作内容、深度、控制性进度要求，以及需要采用的技术标准和规范要求，对于超出现行技术标准和规范的特殊规定，应予以特别说明。如包含工程建设的合作项目，应明确可行性研究、勘察设计等前期工作要求；包含转让资产（或股权）的合作项目，应明确项目尽职调查、清产核资、资产评估等前期工作要求。】

18.1 前期工作包括的主要内容

（1）乙方应依据《中华人民共和国招标投标法》等法律、法规的规定，采取招投标方式选择具有相应资质的勘察设计单位，承担包括项目申请报告、初步设计、施工图设计等各阶段的工作。如乙方自身具备法定的勘察设计资质和能力，可自行承担上述前期工作。

（2）乙方应与勘察设计单位签订勘察设计合同，督促勘察设计单位按照相关技术标准和规范，结合项目的实际情况完成勘察设计工作。

（3）项目申请报告应依法报有关主管部门核准。

（4）初步设计、施工图设计应依法报有关主管部门审批。经审批的初步设计、施工图设计不得擅自变更，如果必须进行变更，应依法履行审批手续。

（5）乙方有权参加项目前期工作的有关评审会。

（6）乙方应负责办理项目建设用水、用地、用电、环境、文物、水利、航道、通信、劳动卫生、生产安全、矿产资源压覆、森林、地震安全评价等事项的报批及取得批复。

（7）乙方应依法办理开工所需各项建设手续，取得施工许可。

18.2 乙方对"工程可行性研究报告"的确认

乙方在此确认：在本合同签订前，已经审阅、并且同意接受由甲方提供的项目"工程

[①] 对于涉及使用财政资金的项目，社会资本或项目公司未按照项目合同约定完成融资的，政府可提取履约保函直至终止项目合同；遇系统性金融风险或不可抗力的，政府、社会资本或项目公司可根据项目合同约定协商修订合同中相关融资条款。

可行性研究报告"。乙方在此接受项目"工程可行性研究报告"作为项目设计和施工的技术标准和工程规模基准标准,并对其承担全部责任。

18.3 勘察设计的有关要求

18.3.1 乙方应督促勘察设计单位按已批准的技术标准和工程规模进行项目的勘察与设计。

除政府相关部门另行批准外,本项目的勘察设计应按"工程可行性研究报告"及其审查意见执行,并遵循以下原则:

(1)"工程可行性研究报告"推荐的设计速度、路基宽度等主要技术标准不能降低;

(2)"工程可行性研究报告"确定的主要路线控制点不能改变,互通立交数量不能减少;

(3)在设计阶段不能以节约桥隧数量及长度为理由来增加"工程可行性研究报告"中推荐方案的里程;

(4)项目沿线居民密集区的桥涵数量不得随意减少,应充分考虑当地群众的生产、生活;

(5)勘察设计应遵循的各项技术经济指标见本合同附件二的规定;

(6)应当按照法律、法规和工程建设强制性标准进行勘察和设计,重视地质环境对安全的影响,提交的勘察设计文件应满足公路工程安全生产的需要,防止因设计不合理导致安全生产隐患或者生产安全事故的发生;应当对有可能引发公路工程安全隐患的地质灾害提出防治建议;采用新结构、新材料、新工艺的工程和特殊结构的工程,应当在设计文件中提出保障施工作业人员安全和预防生产安全事故的措施建议。

18.3.2 初步设计、技术设计(如有)和施工图设计

(1)乙方应对项目初步设计、技术设计(如有)和施工图设计的进度和质量负责。初步设计、技术设计文件(如有)和施工图设计完成后,乙方应首先组织有关专家或者委托有相应工程咨询或者设计资质的单位,对设计文件进行审查并出具审查意见,审查的主要内容包括:勘察设计是否遵循了本合同第18.3.1项规定的原则;是否符合工程建设强制性标准、有关技术规范和规程要求;是否达到规定的技术深度要求;工程结构设计是否符合安全、稳定、耐久性和水保环保要求等。

(2)乙方应按基建程序将项目的初步设计、施工图设计文件报请政府相关部门审查批准。在政府相关部门没有审查并批准施工图前,乙方不能进行项目的施工。

(3)政府相关部门在收到乙方提交的设计文件后应立即进行审查。如果需要对有关内容进行澄清或询问,政府相关部门应在接到该设计文件的20天内通知乙方进行澄清或答复。凡政府相关部门在审查意见中提出的问题,乙方应逐条给予认真贯彻落实。

(4)乙方应在接到政府相关部门关于设计文件的澄清或询问的通知后14天内,对设计文件进行相应的澄清或答复,并且将修改后的图纸送交政府相关部门。乙方无权对设计文件因这种澄清或修改事宜而引起的延误要求赔偿。

18.3.3 应免除甲方的责任

(1)乙方应对项目的设计承担全部责任,包括设计的安全性、可靠性、经济性及合理性。

(2)政府相关部门对项目申请报告的依法核准,不作为免除乙方应承担的投资风险的依据。

(3)若政府相关部门未对初步设计、施工图设计、或任何规范、或乙方的修改提出反对意见,并不意味甲方放弃了本合同项下的权利,也不代表乙方可以免除合同项下的与项目的设计、施工、运营和养护有关的义务。

(4)即使政府相关部门对项目进行了任何审查或其他工作,甲方并不因此对项目的设计或施工质量负任何责任。

第19条 前期工作任务分担

【项目合同应分别约定政府和社会资本主体所负责的前期工作内容。】

(1)在本合同签订前,甲方为本项目开展了下述前期工作:

a. 项目论证,包括工程预可行性研究、工程可行性研究、各项专题报告及评估(评价)等;

b. PPP项目合作伙伴招标;

c. _____;

d. 甲方为本项目开展的其他相关工作。

(2)本合同第18.1款约定的前期工作内容全部由乙方承担。

第20条 前期工作经费

【明确政府和社会资本主体分别承担的前期工作费用。对于政府开展前期工作的经费需要社会资本主体承担的,应明确费用范围、确认和支付方式,以及前期工作成果和知识产权归属。】

(1)甲方根据本合同第19条规定为本项目开展了前期工作,上述工作费用共计人民币_____元(大写:_____)。甲方已按有关规定与相关单位签订了委托合同或商定了相关协议,乙方与甲方签订本合同后_____个月内,甲方负责将所有相关合同和协议移交给乙方,乙方应对甲方的前期工作和各项委托合同予以认可,并按各项合同规定按时支付前期工作费用。其中,甲方已代为支付的费用,由乙方直接返还给甲方。

(2)甲方开展前期工作的成果归乙方所有,知识产权归属按前期工作合同中的约定执行。

(3)按照本合同约定由乙方负责开展的前期工作,其费用由乙方自行承担。

第21条 政府提供的前期工作支持

【政府应对社会资本主体承担的项目前期工作提供支持,包括但不限于:

(1)协调相关部门和利益主体提供必要资料和文件;

(2)对社会资本主体的合理诉求提供支持;

(3)组织召开项目协调会。】

甲方应对乙方承担的项目前期工作提供支持,包括但不限于:

(1)协调相关部门和利益主体提供必要的资料和文件;
(2)对乙方的合理诉求提供支持;
(3)组织召开项目协调会;
(4)_____。

第22条 前期工作监管

【若需要设定对项目前期工作的特别监管措施,应在合同中明确监管内容、方法和程序,以及监管费用的安排等事项。】

第23条 前期工作违约及处理

【项目合同应明确各方在前期工作中违约行为的认定和违约责任。可视影响将违约行为划分为重大违约和一般违约,并分别约定违约责任。】

前期工作违约及处理在本合同第十三章中进行约定。

六、工程建设

【本款重点约定合作项目工程建设条件,进度、质量、安全要求,变更管理,实际投资认定,工程验收,工程保险及违约责任等事项。

本章适用于包含新建、改扩建工程的合作项目。】

第24条 政府提供的建设条件

【项目合同可约定政府为项目建设提供的条件,如建设用地、交通条件、市政配套等。】

第25条 进度、质量、安全及管理要求

【项目合同应约定项目建设的进度、质量、安全及管理要求。详细内容可在合同附件中描述。

(1)项目控制性进度计划,包括项目建设期各阶段的建设任务、工期等要求。
(2)项目达标投产标准,包括生产能力、技术性能、产品标准等。
(3)项目建设标准,包括技术标准、工艺路线、质量要求等。
(4)项目安全要求,包括安全管理目标、安全管理体系、安全事故责任等。
(5)工程建设管理要求,包括对招投标、施工监理、分包等。】

25.1 项目进度、质量、安全和环保目标[①]

(1)项目进度目标:_____;
(2)质量目标:交工验收的工程质量目标:_____;竣工验收的工程质量目标:_____;
(3)安全目标:_____;
(4)环保目标:_____;
(5)项目建设的进度、质量、安全及管理要求见本合同附件三。

25.2 施工的一般要求

(1)乙方应按照项目核准报告规定的招标组织形式、招标范围及招标方式,进行施工

[①] 在条款中应填入社会资本合作(PPP)投标时所承诺的各项绩效目标。

单位和重要设备、材料供应单位的招标(依法可以不招标的除外),并与中标人签订合同,不得附加不合理、不公正条款,不得签订虚假合同。如乙方自身具备法定的施工资质和能力,可自行承担完成工程施工任务。

(2)乙方应当根据批准的建设工期合理确定施工合同工期,严格按照施工合同工期组织项目建设,不得随意压缩施工合同工期。如遇特殊情况确需缩短施工合同工期的,应与相关单位协商一致,并采取措施确保工程质量。

(3)乙方应当按照《建设工程质量管理条例》、《公路工程质量管理办法》、《公路工程质量检验评定标准》等法规、规章的规定,建立并督促施工单位、监理单位、勘察设计单位、设备材料供应单位、试验检测单位等建立全过程的质量保证体系、安全保证体系。必须确保工程质量符合批准的施工图设计文件、国家现行的工程施工技术规范和技术标准,必须确保施工安全,杜绝重大责任事故。按云南省相关规定采用招标方式选择独立第三方试验检测单位对项目进行试验检测。

(4)乙方应按照经政府相关部门审查和批准的项目的建设规模、设计标准、施工规范、施工图、施工计划完成施工,并承担费用和风险。

(5)乙方应积极配合政府各相关部门对项目的工程建设进行的监督检查。

(6)在项目建设实施过程中,乙方应积极与甲方加强沟通,接受甲方提出的合理化建议,以提高工程质量,降低工程造价,保证工程按期完工。

(7)未经甲方同意,乙方不得泄露、公布、发布、转让与项目有关的技术秘密或商业秘密。

25.3 监理单位的选择与管理

(1)乙方应依法通过公开招标方式选择本项目的监理单位(或根据相关法律、法规、规章及规范性文件规定,经有权部门批准后采用自管模式管理项目),与其签订监理服务合同,并负责向甲方提供一份《监理服务合同》原件。

(2)监理单位应依据国家规定和监理服务合同约定履行监理职责,对项目的进度、质量、计量、安全等进行签署确认。

25.4 乙方对承包人的责任

(1)乙方应按照工程进度,及时向承包人支付工程款,严禁承包人垫资施工;按照规定的期限及时退还保证金,办理工程结算。不得拖欠工程款。

(2)乙方应加强对承包人工程款使用情况的监督检查管理,督促承包人不得拖欠分包人的工程款和农民工工资。

(3)乙方应加强对承包人使用农民工的管理,对不签订劳动合同、非法使用农民工、拖延和克扣农民工工资以及其他违反国家对农民工相应保障规定的,应予以纠正。承包人拒不纠正的,应及时将有关情况报有关部门调查处理。

(4)乙方雇佣承包人不应解除乙方对本合同项下的任何义务,乙方应对承包人及其雇员的行为或过失而造成的本合同项下损失承担责任,并承担由于承包人及其雇员的行为或过失所造成的本合同项下的一切损失和赔偿。

(5)乙方与承包人签订合同应符合本合同的规定,且包含使乙方能够履行本合同项下义务所必需的本合同的条款或具有同等效力的规定。

25.5 施工计划

（1）乙方应在本合同生效后 30 天内向甲方报批按投标时所承诺的目标编写的项目施工计划安排。该计划应包括详细的实施方案与计划、施工计划安排以及预计的工期，要有明确的阶段性目标控制点及相应的保证措施。

（2）因不可抗力或不可归责于乙方的原因导致工期延误，需修订或更改本项目施工计划时，乙方应向甲方提出申请，并阐明原因；对确因不可抗力事件或有正当理由的，甲方应当准予修订或更改施工计划。未经甲方的事先书面同意，不允许对已经审查批准的施工计划做修改。

25.6 开始施工

乙方应在满足下列各项条件之后的 7 天内，向甲方提出办理施工许可手续的申报：

(1)项目已列入年度基本建设计划；
(2)施工图设计文件已经审批；
(3)建设资金已经落实，并经审计；
(4)建设用地(或单体控制性工程用地)已经批准；
(5)施工、监理单位已依法招标确定；
(6)已办理质量监督手续；
(7)有明确的保证工程质量和安全生产的措施。保证工程质量和安全生产的措施应切实可行，具有针对性和可操作性，并明确相应的责任单位和责任人。

25.7 预期的施工延误

（1）如果乙方认为将不能按照项目计划中制定的阶段性目标控制点完成施工，或者工程没有达到项目计划的预期进度，乙方应立即书面通知甲方，包括以下详细内容：

a. 阶段性目标控制点不能或预计不能达到；
b. 导致延误或预期延误的原因；
c. 达到预期目标控制点的预计天数，以及对本项目施工产生的可预见的负面影响；
d. 乙方采取的或将采取的克服或减少延误及其影响的措施。

（2）上述通知的送达并不能解除乙方合同项下的任何义务。如果甲方认为乙方采取的或提出的建议并不足以克服或减少延误或预期延误，则甲方可以要求乙方采取合理的、进一步的措施来克服或减少延误。乙方应执行甲方的相应指示。

（3）乙方执行甲方的相应指示所产生的费用由乙方承担。

25.8 上报义务

（1）在项目交工日前，乙方应每月向甲方提交一份项目的设计进度、施工进度、资金使用报告。该报告应根据项目计划，详细说明已经完成的和在建的工程、资金使用情况，同时还应说明甲方可能合理要求说明的其他事宜。

（2）施工结束后，乙方应立即向甲方提交完工工程的竣工图纸及其他技术和设计资料、施工记录以及甲方可能需要的其他资料的副本。

25.9 拒绝工程

在交工日前的任何时候，甲方有权以书面形式通知乙方，拒绝不符合本合同要求的任何工程、材料或设备,并要求乙方在规定的时间内按规定的内容改正工程或替换合适的材料或设备。乙方应立即执行并将结果报甲方核备。

25.10 文明施工和安全生产

在本项目施工期间,乙方应当采取有效措施文明施工,同时严格执行国家有关安全生产的法律、法规及规章制度,并履行以下义务:

(1)防治因施工产生的环境破坏和污染;
(2)落实施工区域内的安全措施;
(3)按规定处置建筑垃圾和工程渣土;
(4)保护施工区域内的各种管线;
(5)处理因本项目工程施工引起的其他问题。

25.11 地下设施和结构

(1)乙方应按照设计方案规定,对公路用地范围内的所有公共设施和管线的转移、重新安置和安全负全部责任并承担一切费用。除非根据国家有关规定和本合同中另有规定,甲方没有义务移走地下所设的任何公共设施和管线。

(2)在项目施工过程中,对有关设施造成损坏的,乙方应当按照不低于该设施原有的技术标准予以修复,或者给予相应的经济补偿。

(3)乙方应向甲方赔偿因乙方没有履行上述义务而对甲方造成的损失、损害及费用,并承担对第三方造成的赔偿和法律责任。

第26条 建设期的审查和审批事项

【项目合同应明确需要履行的建设审查和审批事项,并明确社会资本主体的责任,以及政府应提供的协助与协调。】

建设期内甲方根据本章规定对项目施工相关事项的审查和审批,均不免除乙方在本合同项下与项目设计、施工、运营和养护有关的责任。

第27条 工程变更管理

【项目合同应约定建设方案变更(如工程范围、工艺技术方案、设计标准或建设标准等的变更)和控制性进度计划变更等工程变更的触发条件、变更程序、方法和处置方案。】

27.1 设计变更管理

27.1.1 乙方不得擅自修改设计标准和工程规模

(1)对于政府相关部门在项目"工程可行性研究报告"中批准的路线走向、设计标准和工程规模,乙方不得擅自修改;也不能通过降低结构安全系数或其他途径试图缩减投资规模。项目投资应以政府相关部门批准的初步设计概算为准,乙方不得恶意超概。

(2)在工程施工前或施工期间,为优化完善设计、提高工程质量、加快工程进度、节约工程投资等目的,乙方可对已经政府相关部门批准的设计方案进行适当的修改,设计变更应符合相关技术标准和设计规范要求,并按照交通运输主管部门颁发的设计变更管理办法履行审批手续。对于重大设计变更和较大设计变更,修改后的设计文件必须提交给政府相关部门审查批准。

27.1.2 甲方修改设计方案的权利

在交工日前的任何时候,甲方有权对已经政府相关部门批准的设计方案在不改变设计标准、建设规模、使用功能、主要控制点、互通立交数量等前提下进行适当的修改。由于上述原因导致建设费用的增加,应该认为已经包含在设计概算中,由乙方负责承担;但增加的建设费用超过项目总投资概算____%的,甲方应当按照以下原则给予合理补偿:_____。

27.2 延期

27.2.1 延期的提出与批准

(1)由于下列任何一个事件引起施工延误,乙方有权要求延长预计的交工日期:

a. 甲方违反本合同;

b. 项目范围变动;

c. 因甲方原因未能及时完成征地拆迁工作;

d. 为保护在建设用地范围内发现的历史文物;

e. 甲方提出的设计变更导致的完工延误;或

f. 发生不可抗力。

(2)上述延期只有在下列情况下才可以获得批准:

a. 乙方在延误事件发生后30天内向甲方提供一份书面通知,声明要求延期,而且这份通知应说明造成预计的交工日期延误的原因及影响程度;

b. 乙方应向甲方合理证明预计的交工日期已被或将被延误;并且乙方已经采取一切合理的措施将延期减少至最低。

(3)在任何情况下,乙方都不得因本身违反合同项下的任何义务而要求延期。

27.2.2 决定延期期限

(1)甲方应在接到乙方按本合同第27.2.1项规定所发通知的30天内,根据情况,决定对预计的交工日期进行延期,然后通知乙方。该通知应包括被授予的延长的期限。如果甲方不允许延期,应说明理由。

(2)甲方做出延期的决定应公平合理并符合本合同的规定。

27.2.3 延期生效

除非本合同另有规定,乙方应承担与延期有关的任何事项所产生的损失或损害。

第28条 实际投资认定

【项目合同应根据投资控制要求,约定项目实际投资的认定方法,以及项目投资发生节约或出现超支时的处理方法,并视需要设定相应的激励机制。】

以政府批准的项目总投资概算(不含建设期贷款利息及其他财务费用)为基准价,以项目竣工决算(经国家审计机关审定的价格为准)中确定的项目总投资(扣除建设期贷款利息及其他财务费用)作为实际价。

(1)除本合同第27.1.2项规定的特殊情形外,乙方应承担项目总投资的全部超支责任。

(2)如实际价低于基准价为投资节余,节余额度低于基准价____%以内(含____%)时,节余部分视为乙方收益,在计算项目补贴或项目分成时以基准价作为计算基数;节余额度超过基准价____%以上时,除该____%仍作为乙方收益外,其余超出部分视为甲方投资节余,在计算项目补贴或项目分成时以基准价的____%作为计算基数。

(3)其他投资的内容及金额认定。

第29条 征地、拆迁和安置

【项目合同应约定征地、拆迁、安置的范围、进度、实施责任主体及费用负担,并对维护社会稳定、妥善处理后续遗留问题提出明确要求。】

方式一:由甲方负责征地拆迁工作,据实由乙方承担

29.1 征地拆迁

甲方负责项目范围内的工程建设用地及所需的施工临时用地的征用及拆迁工作,乙方应协助甲方,乙方应及时足额支付相关费用(包括公路建设用地的土地补偿费、安置补助费、地上附着物和青苗的补偿费、通信、广播电视、供水、供电等管线管缆和其他物品的迁移费用以及各项税费等),用地费用按照甲方届时公布的标准执行,数量以实际发生为准。

29.2 应免除甲方的责任

乙方不依法及时申报有关征用土地手续,未及时足额支付征地拆迁费用及临时用地费用,未及时提出临时用地申请,或由于其他应由乙方负责的原因,导致项目建设工期延误给甲方或第三方造成经济损失的,乙方应承担责任并予以补偿。

29.3 应免除乙方的责任

因甲方原因未能及时完成征地拆迁工作而使本项目无法按时开工,甲方相应顺延建设期。

方式二:由甲方负责征地拆迁工作,由甲方包干使用

29.1 征地拆迁

甲方将负责本项目工程建设用地的征用及拆迁工作,征地拆迁的有关费用总计____元(包括公路建设用地的土地补偿费、安置补助费、地上附着物和青苗的补偿费、按设计要求迁移通信、广播电视、供水、供电等管线管缆和其他物品的费用、各项税费以及甲方必要的工作费用等),由甲方包干使用。乙方应在签署本合同后____个月内,将上述费用足额支付给甲方。乙方应在签署本合同后1个月内向甲方提出施工临时用地申请(包括临时用地的位置、数量和使用期限等),甲方负责完成其征用及拆迁工作,但乙方应向甲方及时足额支付与此有关的一切费用。设计图纸未能预见的项目用地范围内的通信、广播电视、供水、供电等管线(缆)和其他物品,如果需要迁移,乙方应负责办理相关手续并承担全部责任和费用。

乙方应按本款规定的时间及时向甲方足额支付与征地拆迁有关的一切费用,若因乙方支付不及时,影响征地拆迁进度而造成的责任由乙方承担。

29.2 应免除甲方的责任

乙方不依法及时申报有关征用土地手续,未及时足额支付征地拆迁费用及临时用地费用,未及时提出临时用地申请,或由于其他应由乙方负责的原因,导致项目建设工期延误给甲方或第三方造成经济损失的,乙方应承担责任并予以补偿。

29.3 应免除乙方的责任

因甲方原因未能及时完成征地拆迁工作而使本项目无法按时开工,甲方相应顺延建设期。

第 30 条 项目验收

【项目验收应遵照国家及地方主管部门关于基本建设项目验收管理的规定执行。项目验收通常包括专项验收和竣工验收。项目合同应约定项目验收的计划、标准、费用和工作机制等要求。如有必要,应针对特定环节做出专项安排。】

30.1 交工验收

(1)当项目按本合同要求已建成并具有独立使用价值时,乙方应按国家有关规定准备交工验收。

(2)交工验收由乙方主持,甲方派代表参加。交工验收的内容和程序应按交通运输部《公路工程竣(交)工验收办法》的有关规定执行。

(3)交工验收合格后,乙方应按甲方规定的要求及时完成项目交工验收报告,并向甲方备案。甲方在 15 天内未对备案的项目交工验收报告提出异议,乙方可签发交工证书、开放交通,项目进入试运营阶段。

(4)未经交工验收或交工验收不合格项目不得进入试运行、也不得报请竣工验收。

30.2 竣工验收

(1)项目试运营 2 年后 3 年内,乙方应按有关规定向甲方申请进行项目的竣工验收。

(2)竣工验收由甲方主持,综合评价项目建设成果,对工程质量、参建单位和建设项目进行综合评价。竣工验收的内容和程序应按交通运输部《公路工程竣(交)工验收办法》的有关规定执行。

(3)竣工验收合格后,甲方签发《公路工程竣工验收鉴定书》,项目进入正式运营期。同时,乙方应按照规定向档案管理部门办理有关档案资料移交手续。

(4)竣工验收不合格,项目不得进入正式运营,同时将终止试运行阶段的收费,进行整改直至验收合格。

(5)项目竣(交)工验收期间质量监督机构进行工程质量检测所需的费用由乙方承担。

30.3 未进行验收

(1)乙方对未进行交工验收、交工验收不合格或未备案的项目开放交通进行试运营的,甲方有权责令其停止试运营,进行整改直至验收合格;同时,甲方有权没收其非法所得,并按本合同第 71.2 款的规定扣除乙方的违约金。

(2)项目试运营期超过 3 年,乙方仍不申请竣工验收的,甲方将责令改正,对责令改正后仍不申请组织竣工验收的,甲方有权责令其停止试运营,进行整改直至验收合格;同时,甲方有权按本合同第 71.2 款的规定扣除乙方的违约金。

30.4 环保、水保、档案等专项验收

(1)按照有关规定,乙方应当在项目竣工后向审批该建设项目环境影响报告书、环境

影响报告表或者环境影响登记表的环境行政主管部门申请环境保护设施竣工验收。

（2）乙方还应按照国家有关规定，办理水保、档案等专项验收。

第31条　工程建设保险

【项目合同应约定建设期需要投保的相关险种，如建筑工程一切险、安装工程一切险、建筑施工人员团体意外伤害保险等，并落实各方的责任和义务，注意保险期限与项目运营期相关保险在时间上的衔接。】

（1）从开工日起至项目签发交工证书止，乙方必须为项目投保建筑工程一切险、安装工程一切险，其保险金额应足以保证本项目永久工程、临时工程和设备、材料的现场重置。

（2）乙方应在整个施工期间为其现场机构雇用的全部人员，投保人身意外伤害险和工伤保险，并要求其施工单位、监理单位也进行此项保险。

（3）由于乙方未按本合同约定办理某项保险，或未能使保险持续有效的，导致受益人未能得到保险人的赔偿，原应从该项保险得到的保险金应由乙方支付。

第32条　工程保修

【项目合同应约定工程完工之后的保修安排，内容包括但不限于：

(1)保修期限和范围。

(2)保修期内的保修责任和义务。

(3)工程质保金的设置、使用和退还。

(4)保修期保函的设置和使用。】

（1）乙方应按有关法律法规的规定并结合项目实际特点，设置工程缺陷责任期，并扣留相应比例的工程质量保证金，以约束承包人按施工合同约定承担缺陷修复责任。

（2）承包人拒绝按施工合同约定承担缺陷修复责任的，乙方应自行修复或自费委托他人修复，不得因此影响公众对本项目的正常使用权利。

第33条　建设期监管

【若需要，可对项目建设招标采购、工程投资、工程质量、工程进度以及工程建设档案资料等事项安排特别监管措施，应在合同中明确监管的主体、内容、方法和程序，以及费用安排。】

33.1　招标采购监管

在项目建设期间，乙方发售的各种资格预审文件、招标文件、资格预审评审报告和评标报告等招标资料应按有关法律法规报甲方备案。工程最高投标限价（如有）必须报甲方审查。甲方备案及审查的费用由甲方自行承担。

33.2　工程投资监管

甲方应按照本合同第16条的规定对乙方建设资金的筹措及使用进行监管。甲方和乙方应共同协商聘请具备相应资格条件的第三方中介机构对竣工决算进行独立审计，为确定项目总投资提供依据。聘请第三方中介机构的费用由合同双方分担。

33.3　政府交通行业主管部门、质监、造价部门及甲方的监督

（1）政府交通行业主管部门、质监、造价部门有权随时对项目的施工进度、质量、施工管理和资金使用等进行监督和检查。

（2）政府交通行业主管部门、质监、造价部门若发现工程施工或所用材料等有缺陷，有权要求乙方处理，直至符合质量要求为止。乙方应无条件服从，因此耽误的工期和造成的损失由乙方承担。

（3）乙方应按有关规定和甲方要求向政府交通行业主管部门、质监、造价部门提交建设工程质量控制结果文件，并报告工程进度、质量管理、安全生产、环境保护等情况。

（4）政府交通行业主管部门、质监、造价部门监督和检查的相关费用应由乙方按照有关规定负责承担。

（5）为开展项目施工情况的相应监督和检查，乙方应按要求为政府交通行业主管部门、质监、造价部门的代表准备进场，提供协助和必要的设备（包括临时的办公设备）。

（6）除政府部门依照适用法律进行的监督检查以外，在项目建设期间经合理通知乙方后，甲方有权派代表对项目进行监督检查。甲方监督检查的费用由甲方自行承担，除非监督和检查的结果表明工程、材料、设备等存在任何重大缺陷，在此情况下，乙方应承担监督和检查的费用。

（7）政府交通行业主管部门、质监、造价部门没有监督或抽检施工工程的全部或部分，或者政府交通行业主管部门、质监、造价部门不能监督、抽检或拒绝全部或部分施工工程，并不意味着甲方放弃了本合同项下的权利，同时也不意味着乙方可以解除合同项下的任何义务。

第34条　建设期违约和处理

【项目合同应明确各方在建设期违约行为的认定和违约责任。可视影响将违约行为划分为重大违约和一般违约，并分别约定违约责任。】

34.1　重大违约

如果乙方发生以下任一行为，属于重大违约，视为其放弃了项目的施工：

（1）书面通知甲方已经终止项目的设计或施工，并且不再重新开始设计或施工；

（2）在开工日后60天内不能在场地内开始工程施工；

（3）在不可抗力结束后60天内不能重新开始施工；

（4）在交工日前，乙方擅自停止工程施工，或指示承包人从场地上撤走全部或关键的人员和设备。

但如果上述延误或停工是由于不可抗力的发生或甲方违反本合同所致，则不能视为乙方放弃施工。

34.2　一般违约

（1）如果由于乙方的过失，使项目施工不能在预计的交工日期内完成，甲方有权按本合同第71.2款的规定扣除乙方的违约金。甲方可要求乙方提交一个延误报告说明延误的理由，同时提交一个新的预计交工日期（新的预计交工日期与原预计交工日期之差不超过6个月），并为新的预计交工日期的实现提供保证措施。甲方审查并批准新的预计交工日期后，乙方应严格执行。

（2）如果乙方不能使项目施工在预计的交工日期后6个月内完成，并且甲方有充分理由认为交工时间延期过长，甲方有权按照本合同第67.1款的规定解除本合同。

34.3 项目管理目标的实现

如果交工验收或竣工验收确定的工程质量低于本合同约定的质量目标,甲方有权按本合同第71.2款的规定扣除乙方的违约金。

七、政府移交资产

【本款重点约定政府向社会资本主体移交资产的准备工作、移交范围和标准、移交程序及违约责任等。

本章适用于包含政府向社会资本主体转让或出租资产的合作项目。】

第35条 移交前准备

【项目合同应对移交前准备工作做出安排,以保证项目顺利移交,内容一般包括:

(1)准备工作的内容和进度安排;

(2)各方责任和义务;

(3)负责移交的工作机构和工作机制等。】

第36条 资产移交

【合同应对资产移交以下事项进行约定:

(1)移交范围,如资产、资料、产权等;

(2)进度安排;

(3)移交验收程序;

(4)移交标准,如设施设备技术状态、资产法律状态等;

(5)移交的责任和费用;

(6)移交的批准和完成确认;

(7)其他事项,如项目人员安置方案、项目保险的转让、承包合同和供货合同的转让、技术转让及培训要求等。】

第37条 移交违约及处理

【项目合同应明确资产移交过程中各方违约行为的认定和违约责任。可视影响将违约行为划分为重大违约和一般违约,并分别约定违约责任。】

八、运营和服务

【本款重点约定合作项目运营的外部条件、运营服务标准和要求、更新改造及追加投资、服务计量、运营期保险、政府监管、运营支出及违约责任等事项。

本章适用于包含项目运营环节的合作项目。】

第38条 政府提供的外部条件

【项目合同应约定政府为项目运营提供的外部条件,如:

(1)项目运营所需的外部设施、设备和服务及其具体内容、规格、提供方式(无偿提供、租赁等)和费用标准等;

(2)项目生产运营所需特定资源及其来源、数量、质量、提供方式和费用标准等,如污水处理厂的进水来源、来水量、进水水质等;

(3)对项目特定产出物的处置方式及配套条件,如污水处理厂的出水、污泥的处置,垃圾焚烧厂的飞灰、灰渣的处置等;

(4)道路、供水、供电、排水等其他保障条件。】

甲方应协调乙方与公路路政管理机构、公安交通管理部门在项目运营管理中做好路政管理和交通管理,保障项目的运营安全畅通。

甲方应按相关规划协调项目周边路网及其他运输渠道与本项目实现顺利对接。

甲方应协调项目周边的供水、供电、网络、有线电视等按乙方需求接入,但乙方应承担相关费用。

第39条 试运营和正式运营

【项目合同应约定试运营的安排,如:

(1)试运营的前提条件和技术标准;

(2)试运营的期限;

(3)试运营期间的责任安排;

(4)试运营的费用和收入处理;

(5)正式运营的前提条件;

(6)正式运营开始时间和确认方式等。】

(1)本项目试运营和正式运营应满足的前提条件及开始时间的认定执行本合同第30条有关规定。试运营期不得超过3年。

(2)在特许经营期内,本项目试运营和正式运营期间的所有收入均归乙方所有,运营成本和费用亦由乙方自行承担。

第40条 运营服务标准

【项目合同应从维护公共利益、提高运营效率、节约运营成本等角度,约定项目运营服务标准。详细内容可在合同附件中描述。

(1)服务范围、服务内容。

(2)生产规模或服务能力。

(3)技术标准,如污水厂的出水标准,自来水厂的水质标准等。

(4)服务质量,如普遍服务、持续服务等。

(5)其他要求,如运营机构资质、运营组织模式、运营分包等。】

(1)运营养护目标、服务质量目标

运营养护目标:_____。

服务质量目标:_____。

(2)项目的运营服务标准见本合同附件四

(3)运营养护目标、服务质量要求

乙方必须:

a. 保证项目上的各种工程及设施等均处于良好的技术和安全状态,达到上述服务水平目标,从而保证项目具有快速、畅通、安全、舒适、经济的使用功能;

b. 无条件接受交通主管部门或其授权的机构的监督管理,接受其组织的公路大检查或养护大检查及质量评定,养护检评质量指数必须达到80分以上;

c. 每季度进行一次公路养护质量评定工作,并于每季度的首月 10 日前按有关规定向甲方报送公路养护质量的评定材料;

d. 建立完善的巡视检查和技术检测系统,按有关标准、规范建立完整的信息网络,及时、准确地掌握路面、桥涵状况及相关信息;利用计算机信息系统,对所检测的数据进行分析处理,根据评定结果提出养护对策,有依据、有计划、有针对性地安排养护项目,确保项目的养护质量和服务水平;

e. 树立高度的交通服务意识和安全意识,在路面养护作业中,应满足正常行车的需要,安全布控应按照相应的行业标准和规范进行;

f. 严格按照有关技术规范和标准进行养护作业,不断探索和应用新材料、新设备、新技术、新工艺,提高养护作业的时效性、机动性、安全性和可靠性;迅速、优质、高效地处理各类路面损害和障碍,确保运营质量;

g. 建立健全路面、桥梁等养护系统,搞好环境的美化与绿化工作,使项目的运营管理有序融入自然生态环境之中。

第 41 条　运营服务要求变更

【项目合同应约定运营期间服务标准和要求的变更安排,如:

(1)变更触发条件,如因政策或外部环境发生重大变化,需要变更运营服务标准等;

(2)变更程序,包括变更提出、评估、批准、认定等;

(3)新增投资和运营费用的承担责任;

(4)各方利益调整方法或处理措施。】

如果甲方要求本项目达到的运营服务标准高于本合同约定的目标,则乙方有权得到以下补偿:_____。

第 42 条　运营维护与修理

【项目合同应约定项目运营维护与设施修理事项。详细内容可在合同附件中描述。

(1)项目日常运营维护的范围和技术标准。

(2)项目日常运营维护记录和报告制度。

(3)大中修资金的筹措和使用管理等。】

项目运营维护与设施修理事项见本合同附件五。

42.1　*项目运营、养护和维修*

42.1.1　项目运营、养护和维修的一般要求

(1)在交工日期之前,乙方应依据有关法律、法规的规定及投标时所承诺的目标编制运营、养护和维修手册(运营养护手册)并提交给甲方;运营养护手册经甲方批准后,乙方还应制定切实可行的实施细则。

(2)从交工之日至特许经营期结束期间,乙方应依据甲方批准的运营养护手册、按照国家规定的技术规范和操作规程,对项目及其附属设施进行日常检查、维护,保证项目一直处于良好的技术状态,为通行车辆及人员提供优质服务。

(3)从交工之日至特许经营期结束期间,乙方应保证国家重要战略物资、设备运输及军事行动、抢险救灾等特殊情况下对项目的使用,保证安全畅通,并无条件承担由此发生的一切费用(包括对设施的加固、维修等费用)。

（4）乙方可自主进行项目的运营、养护和维修工作，也可报请甲方批准后选择合格的公路养护队伍或其他专业公司进行运营、养护和维修工作。

（5）乙方应服从项目所在地联网收费统一的收费模式、收费系统技术标准、收费业务流程和联网收费管理规章，并承担项目路网收费设施、监控系统和通信系统设施的更新改建费用。如联网收费需收取联网结算费用的，乙方应承担相应的费用。

（6）乙方应负责公路用地范围内的山坡、荒地的水土保持，以及公路用地范围外取、弃土场的水土保持。

（7）乙方应按照设计文件要求及公路工程技术标准组织实施项目的绿化工作。

（8）乙方应按照甲方的行业技术要求建立养护管理系统，并按时无偿提供道路质量及养护情况的有关信息。

（9）乙方应严格执行有关公路车辆通行费征收的政策规定。

（10）乙方应服从交通运输主管部门对公路项目运营统一管理的要求。

（11）乙方应负责筹措项目运营、养护和维修所需的全部资金。

42.1.2　上报程序

乙方应保存下列记录，并且每个月向甲方进行上报：

（1）项目通行车辆的日交通量的记录，及为驾驶员提供的紧急服务的记录；

（2）对项目进行的任何养护或维修的报告；

（3）在任何时候甲方合理需要的关于项目的运营、养护和维修的资料。

42.1.3　安全及紧急事件

乙方应：

（1）为项目制定和提供全部必要的防灾体制与安全措施；

（2）经与甲方协商后，制定关于项目的应急预案；

（3）因恶劣天气、自然灾害、重大事故或其他紧急情况项目交通受到严重影响时，乙方应当服从甲方的指挥采取紧急措施，疏导或恢复交通。

42.1.4　项目的关闭

（1）出于安全考虑，或为了预定的或紧急的养护及清洁等目的，乙方可以向公安交通主管部门申请暂时关闭项目的全部或任何部分，未经有关部门批准不得自行关闭。

（2）公安交通主管部门出于公共安全的原因，或在紧急状态下，或为了国家安全，可以在任何时候要求乙方临时关闭项目，乙方应无条件执行并承担相应费用。

42.2　收费管理

42.2.1　通行费的征收

（1）除特种车辆外，在收费期限内，乙方有权按照政府物价部门批准的收费标准、收费站点，对所有通过项目的车辆收取通行费。

（2）甲方应协助乙方在项目运营收费之前取得收费许可证。

42.2.2　收费人员的管理

乙方有权自行决定收费人员的招收工作，收费人员的配备应当与收费车道的数量、车流量相适应，应当按项目所在地公路路网收费车道的标准配置，不得随意增加或减少人员。乙方应加强收费人员的职业道德教育、业务培训和工作考核，收费人员应当做到文明礼貌、规范服务,以确保收费工作的正常有序。

42.2.3 收费系统与设施

(1)收费车道的设置,应当符合车辆行驶安全的要求;收费车道的数量,应当符合车辆快速通过的需要,不得造成车辆堵塞。

(2)乙方应严格执行收费、监控等系统管理制度。

(3)乙方应当在收费站的显著位置,设置载有收费站名称、审批机关、收费单位、收费标准、收费起止年限和监督电话等内容的公告牌,接受社会监督。

42.2.4 收费票款

乙方收取车辆通行费,必须向使用者开具收费票据,收费票据由税务部门统一印(监)制。乙方应严格建立票据、票款使用规定、票款结算等制度,保证通行费的收缴正常。

42.2.5 稽查

(1)甲方有权随时对乙方及其收费站点进行稽查。

(2)乙方应建立严格的内部稽查制度以确保项目收费工作的正常秩序,保证收费人员严格按照收费标准依法收费,杜绝违纪现象发生。

(3)乙方应严格遵守有关公路收费管理的法律、法规、规章、规范性文件。

42.3 路政管理

42.3.1 路政管理的工作内容

项目的路政管理工作,由甲方或者其设置的公路路政管理机构的派出机构、人员负责,乙方应按项目所在地省级人民政府有关规定承担其费用,并提供必要的办公、生活设施和路政管理、清障救援等必须的装备以及其他一切便利条件。乙方应配合甲方或公路路政管理机构依法履行下列管理职权:

(1)贯彻执行公路管理的法律、法规和规章;

(2)保护公路路产;

(3)实施全天候路政巡查;

(4)管理公路两侧建筑控制区;

(5)依照法律及法规,查处和制止各种违章利用、侵占、污染、损坏和破坏路产的行为;

(6)维护项目养护、施工作业现场的秩序;

(7)维护项目进出口内外秩序、巡查碰损设施标志后逃逸车辆;

(8)依法维护公路管理机构排除侵权而拥有的民事权益;

(9)对项目沿线的群众实施保护路产、维护路权的宣传教育;

(10)在紧急情况下执行公安交通主管部门临时交予的关闭交通的义务;

(11)法律及法规所规定的其他职责。

42.3.2 路政管理的一般要求

(1)乙方无权受理任何有关路政管理的批准事项。未经政府有关部门批准,乙方不得在项目公路用地范围内设置除交通标志以外的其他标志。

(2)乙方在项目上进行养护维修施工作业时,应事先经过相关部门批准并按规定实施施工现场布控,维护好施工现场秩序,作业完工后应及时清理现场,确保公路完好畅通。

（3）乙方发现破坏、损坏或者非法占用路产和影响公路安全的行为应当予以制止,在紧急情况下,应当立即采取应急措施,做好安全防护工作,并及时向路政管理机构报告,协助路政管理人员实施日常路政管理。

（4）乙方应当接受路政管理人员依法实施的监督检查,并为其提供方便。

（5）项目公路上清理故障、事故拖车业务由乙方负责。乙方应按有关行业规定标准配置清障车辆和清障人员,所需的清障车辆购置费、使用费和清障人员经费等由乙方承担,清障收入归乙方,收费标准由项目所在地省物价部门审定。

（6）除政府相关部门因路网完善的需要在项目上增设永久性的工程设施之外,乙方不得擅自在项目公路建筑红线内建设永久性的工程设施。

42.4 交通管理

42.4.1 交通管理的工作内容

公安交通管理部门依法负责项目交通管理工作,乙方应在甲方授权的范围内协助公安交通管理部门的派驻机构完成下列任务:

（1）经常进行交通巡逻、检查,发现项目上出现问题,及时向中心控制室报告信息;

（2）当发生交通事故时,按中心控制室排除事故指令,及时赶赴现场疏导交通;协助救援、救护、消防部门进行救援、救护、救灾;配合路政部门清障保通;

（3）对交通拥挤问题,采取必要疏导措施;

（4）在紧急情况下依法实施交通管制;

（5）对公路行车安全进行宣传、教育;

（6）法律、法规及规章所规定的其他职责。

42.4.2 交通管理的一般要求

（1）遇有公路损坏、施工或者发生交通事故等影响车辆正常安全行驶的情形时,乙方应当在现场设置安全防护设施,并在项目出入口进行限速、警示提示,或者利用项目沿线可变信息板等设施予以公告;造成交通堵塞时,应当及时报告公安交通管理部门并协助疏导交通。

（2）遇有公路严重损毁、恶劣气象条件或者重大交通事故等严重影响车辆安全通行的情形时,公安交通管理部门应当根据情况,依法采取限速通行、关闭公路等交通管制措施。乙方应当积极配合公安交通管理部门,及时将有关交通管制的信息向通行车辆进行提示。

（3）发现车辆超载时,乙方应当及时报告公安交通管理部门,由其会同交通主管部门予以处理。

（4）公安交通管理部门有权要求乙方将道路监控图像传输至公安交通管理部门,乙方监控图像在公安交通管理部门之间的图像传输建设及其费用由公安交通管理部门负责。

42.5 经营与开发管理

42.5.1 乙方有权在有关法律法规允许的范围内,对项目沿线服务设施、广告项目采取自主经营、合资、合作经营、承包与租赁经营等商业形式进行开发,但无论采取何种经营方式,相关合同的期限均不得超过特许经营期。

42.5.2 项目沿线服务设施应保证满足公路运营需要,服务内容和质量应符合要求。

42.5.3 项目用地范围内广告等设施的设置不得违反法律、法规的禁止性规定。

42.5.4 乙方应将服务设施的运营方式报甲方备案。

42.5.5 乙方对项目沿线服务设施、广告项目的经营开发应按照行业管理的要求,办理相关手续。在经营开发过程中,乙方应服从行业主管部门的统一管理,接受监督检查。

42.6 项目后评价

42.6.1 项目后评价的一般要求

(1)在特许经营期内,乙方应指定专人建立项目的跟踪管理系统和定期检查制度,并按规定逐步完善各阶段的管理机制,自签订本合同起即开始填写"公路建设项目管理卡",并建立设计、施工、运营各阶段的技术经济档案,为项目后评价工作积累完整的技术经济资料和数据。

(2)乙方应在项目通过竣工验收并通车运营3~5年后(具体时间由甲方确定),组织由乙方和承担本项目可行性研究、勘察设计、施工、监理、运营管理等单位共同参与的项目后评价工作,并向甲方提交项目后评价报告。后评价报告应按照《公路建设项目后评价报告编制办法》、依据现行法律法规的规定并结合项目的实际需要编制,并应当有环境保护篇。

(3)乙方在接到甲方有关进行项目后评价的通知后30天内,应向甲方提交一份项目后评价工作计划,并在工作计划批准之后6个月内完成项目后评价报告。后评价报告经甲方组织审查后3个月内,乙方应将按审查意见修改后的报告报甲方备案。

(4)项目后评价报告的编制、审核、审查费用由乙方承担。

42.6.2 甲方的职责与义务

甲方在收到乙方提交的后评价报告后,将组织专家及有关人员审查其资料是否齐全、评价依据是否全面、评价方法是否科学、评价报告是否客观等,并向乙方提供审查意见。

第43条 更新改造和追加投资

【对于运营期间需要进行更新改造和追加投资的合作项目,项目合同应对更新改造和追加投资的范围、触发条件、实施方式、投资控制、补偿方案等进行约定。】

甲方在项目车流量达到设计饱和交通量时有权要求乙方对项目进行扩建,扩建标准、投资规模按扩建项目程序核准,扩建工程所需的资金筹措和建设实施均由乙方负责,乙方有权得到以下补偿或调整收费期、收费标准:_____。

第44条 主副产品的权属

【项目合同应约定在运营过程中产生的主副产品(如污水处理厂的出水等)的权属和处置权限。】

建设期、运营期产生的副产品,除国家法律、法规另有规定外,其所有权归、处置权归乙方所有。

第45条 项目运营服务计量

【项目合同应约定项目所提供服务(或产品)的计量方法、标准、计量程序、计量争议解决、责任和费用划分等事项。】

(1)乙方应严格执行政府关于车辆通行费收费管理有关标准、规范和方法,严格执行相关财务管理办法,加强财务管理和经济核算。

(2)乙方应按规定向甲方提交反映项目经营状况各个方面的财务报告和统计报表,并保证真实、准确与完整。

(3)其他要求:_____。

第46条 运营期的特别补偿

【项目合同应约定运营期间由于政府特殊要求造成社会资本主体支出增加、收入减少的补偿方式、补偿金额、支付程序及协商机制等。】

由于政府要求在某段时间对某类型车辆免收通行费造成乙方收入的减少,乙方有权得到以下补偿:_____。

第47条 运营期保险

【项目合同应约定运营期需要投保的险种、保险范围、保险责任期间、保额、投保人、受益人、保险赔偿金的使用等。】

(1)从项目签发交工证书之日起至特许经营期结束,乙方必须为项目投保公路财产一切险和公众责任险,避免因自然灾害、意外事故和人为(如偷窃、疏忽、非被保险人的恶意行为)造成的公路财产的损失或灭失,其保险金额应按公路的重置成本来确定。

(2)乙方应在整个特许经营期内为其员工投保人身意外伤害险。

(3)由于乙方未按本合同约定办理某项保险,或未能使保险持续有效的,导致受益人未能得到保险人的赔偿,原应从该项保险得到的保险金应由乙方支付。

第48条 运营期政府监管

【政府有关部门依据自身行政职能对项目运营进行监管,社会资本主体应当予以配合。政府可在不影响项目正常运营的原则下安排特别监管措施,并与社会资本主体议定费用分担方式,如:

(1)委托专业机构开展中期评估和后评价。

(2)政府临时接管的触发条件、实施程序、接管范围和时间、接管期间各方的权利义务等。】

48.1 监测评估

甲方将委托专业机构开展本项目的中期评估和后评价,中期评估按3~5年进行一次,重点分析项目运行状况和项目合同的合规性、适应性和合理性;及时评估已发现问题的风险,制订应对措施,并报财政部门(政府和社会资本合作中心)备案。

48.2 应急预案

乙方应按国家应急管理相关法律、法规和政府相关规定,制定应急预案,并报甲方审查批准后执行。

48.3 临时接管

社会资本或乙方违反合同约定,威胁公共产品和服务持续稳定安全供给,或危及国家安全和重大公共利益的,政府有权临时接管项目,直至启动项目提前终止程序。

政府可指定合格机构实施临时接管。临时接管项目所产生的一切费用,将根据项目合同约定,由违约方单独承担或由各责任方分担。社会资本或项目公司应承担的临时接管费用,可以从其应获终止补偿中扣减。

第49条 运营支出

【项目合同应约定社会资本主体承担的成本和费用范围,如人工费、燃料动力费、修理费、财务费用、保险费、管理费、相关税费等。】

乙方应负责项目运营、养护和维修所需的全部费用,包括但不限于:

(1)项目运营养护费用:包括营业成本和管理费用。其中,营业成本包括公路经营成本、安全和通讯及监控设施的维护成本、公路灾害预防及抢修成本、公路绿化成本、征收业务成本和其他成本。管理费用包括公司经费、工会经费、职工教育经费、劳动保险费、待业保险费、董事会费、咨询费、审计费、诉讼费、排污费、税金、技术转让费、技术开发费、无形资产摊销、开办费摊销、业务招待费、存货盘亏、毁损和报废(减盘盈)以及其他管理费用;

(2)财务费用:是乙方为筹集资金而发生的各项费用,包括企业经营期间发生的利息净支出、汇兑净损失、买卖外汇价差、金融机构手续费以及筹资发生的其他财务费用等;

(3)大中修费用;

(4)税费:包括营业税、增值税、城市维护建设税和教育费附加等。

第50条 运营期违约事项和处理

【项目合同应明确各方在运营期违约行为的认定和违约责任。可视影响将违约行为划分为重大违约和一般违约,并分别约定违约责任。】

50.1 违规收费

如果乙方违反本合同规定,存在违规收费或私自截留通行费收入的行为并经核实,甲方除没收其非法所得之外,还将视情节的轻重给予适当的处理;触犯刑法的,应依法移交司法机关追究刑事责任。

50.2 未按规定运营养护

乙方未按照国家规定的技术规范和操作规程进行项目养护的,或者虽已按规定进行养护但不能达到本合同第40条规定的运营养护目标或服务质量目标的,或者乙方违反了本合同第42.1款的规定,甲方有权按本合同第71.2款的规定扣除乙方的违约金。在这种情况下,甲方可直接委托或通过招标形式选择施工单位对项目进行养护和维修,养护及维修的费用经结算后由乙方负责承担。

九、社会资本主体移交项目

【本款重点约定社会资本主体向政府移交项目的过渡期、移交范围和标准、移交程序、质量保证及违约责任等。

本章适用于包含社会资本主体向政府移交项目的合作项目。】

第51条 项目移交前过渡期

【项目合同应约定项目合作期届满前的一定时期(如 12 个月)作为过渡期,并约定过渡期安排,以保证项目顺利移交。内容一般包括:

(1)过渡期的起讫日期、工作内容和进度安排;

(2)各方责任和义务,包括移交期间对公共利益的保护;

(3)负责项目移交的工作机构和工作机制,如移交委员会的设立、移交程序、移交责任划分等。】

本合同约定特许经营期满前 12 个月为项目移交前过渡期,相关要求如下:

(1)甲、乙双方联合组成项目移交委员会,研究制定项目移交方案;

项目移交方案应包括应移交的资产、资料明细,双方各自委派的移交人员及移交的程序等内容;

(2)在特许经营期满之日,双方按审定的移交方案组织资产移交;

(3)乙方应协助办理登记在乙方名下的应移交资产、资料的过户变更登记手续。

第 52 条 项目移交

【对于合作期满时的项目移交,项目合同应约定以下事项:

(1)移交方式,明确资产移交、经营权移交、股权移交或其他移交方式;

(2)移交范围,如资产、资料、产权等;

(3)移交验收程序;

(4)移交标准,如项目设施设备需要达到的技术状态、资产法律状态等;

(5)移交的责任和费用;

(6)移交的批准和完成确认;

(7)其他事项,如项目人员安置方案、项目保险的转让、承包合同和供货合同的转让、技术转让及培训要求等。】

52.1 移交范围

在特许经营期满后,乙方应采取所有必要的措施和行动(包括签订任何文件),向甲方无偿移交和转让:

(1)项目及其附属设施;

(2)至少满足项目正常运营 6 个月所需要的设施、物品;

(3)与项目的建设、运营、管理和维护有关的文件、手册和记录;

(4)与项目有关的所有未到期的担保、保证和保险的受益;

(5)与项目运营和养护有关的所有技术和知识产权;

(6)所有与项目及其资产有关的乙方的其他权利和利益。

52.2 移交标准

在特许经营期满至少 6 个月前,甲方与乙方联合聘请具有相应资质的中介机构对项目的技术状况进行检测并经公路工程质量监督机构认定。经检测,服务水平应达到本合同第 40 条(1)款的规定并且符合核定的技术等级和标准(具体要求见本合同附件六),乙方方可按照有关规定向甲方办理项目移交手续;服务水平未达到本合同第 40 条(1)款的规定或者不符合核定的技术等级和标准的,乙方应当在甲方确定的期限内进行养护维修直至达到要求。乙方未在甲方确定的期限内完成养护工作或养护工作未达到标准的,甲方有权按本合同第71.2款的规定扣除乙方的违约金。在这种情况下，甲方可直接委托或通过招标形式选择施工单位对项目进行养护和维修，养护及维修的费用经结算后由乙方负责承担。

由于本款原因导致甲方未能在移交日接管该项目的，乙方收取车辆通行费的权利和对附属设施的收益权仍在移交日终止，项目的收益权归甲方。

52.3 移交程序

52.3.1 在特许经营期的最后5年内，涉及项目的对外投资、资产处置、资金调度等重大经营、财务决策应由甲方和乙方双方共同商定。

52.3.2 在特许经营期满至少12个月前，甲方应按《中华人民共和国审计法》等有关法律法规的规定对乙方进行全面审计。

52.3.3 在特许经营期满至少12个月前，甲方、乙方应按合同规定联合检查项目的所有部分。

52.3.4 在特许经营期满至少3个月前，乙方应负责解除和清偿本项目中的任何债务、留置权、抵押、质押及其他请求权（甲方同意保留的除外），做好向甲方移交项目的必要准备。甲方不承担乙方在本项目建设期及收费期内形成的任何债务、担保以及应向任何第三方负有的责任。

52.3.5 在项目移交前，甲方可以在移交日前6个月内，采用双向自由选择的方式与经甲方选拔的乙方工作人员签订移交日后的劳动合同。乙方应予以配合，对乙方未被甲方聘用的人员，乙方应负责进行妥善安置，甲方不承担任何责任。

52.4 对甲方人员的培训

52.4.1 在特许经营期结束前至少12个月，乙方应向甲方报批一份详细的就项目的运营、养护和维修对甲方人员开展的培训计划。在特许经营期结束至少6个月前，乙方应按照甲方批准的培训计划完成培训工作，并在特许经营期结束前至少3个月内，乙方应让甲方指定受训人员共同参与项目的运营养护和维修工作。

52.4.2 甲方和乙方应联合对甲方的指定人员的培训结果进行检查，以确认他们能正确运营、养护和维修项目。

52.4.3 乙方应负责承担培训费及乙方人员的住宿和餐饮费。

52.5 移交费用

除法律规定应由甲方承担的费用外，甲方无需向乙方支付本合同第52.1款中的关于移交和转让的费用。但甲方应自费获得所有完成项目移交和转让需要的批复，并使它们有效。

52.6 风险转移

除非本合同另有规定，乙方在整个特许经营期间应单独负责项目的损失或破坏，但不负责由于甲方的行为或疏忽、或由于甲方违反本合同所引起的损失或破坏。乙方对在本项目移交后项目管理中出现的任何问题，不再承担责任。

52.7 移走物品

(1)特许经营期满后，如甲方责令乙方在规定的期限内拆除收费设施，乙方应及时拆除,逾期不拆除的,甲方依法申请强制拆除,拆除费用由乙方承担。

(2)除本合同第52.1款规定的资产和甲方通知予以保留的物品外,乙方应在特许经营期满后60天内自行移走留在公路用地范围内的其他物品和财产。如果乙方未按时移走上述物品和财产,甲方在书面通知乙方后,有权采取任何行动将上述物品和财产转移并储存到其他地方,费用由乙方承担。

(3)乙方应负责赔偿甲方为行使本条款下的权利而产生的任何费用或遭受的损失或对第三方承担的责任。

52.8 乙方的承诺

乙方应严格履行本条规定的各项义务,积极配合甲方完成移交工作,无偿协助办理产权变更手续。

第53条 移交质量保证

【项目合同应明确如下事项:

(1)移交保证期的约定,包括移交保证期限、保证责任、保证期内各方权利义务等;

(2)移交质保金或保函的安排,可与履约保证结合考虑,包括质保金数额和形式、保证期限、移交质保金兑取条件、移交质保金的退还条件等。】

本合同约定特许经营期满后12个月作为项目移交保证期,相关要求如下:

(1)项目应符合本合同的要求,处于良好的养护状态,甲方支出的养护费用水平与乙方在特许经营期的最后5年所提供的运营和服务所需年均费用相一致;

(2)符合本合同所要求的所有安全和环境标准。

如项目未达到本条要求,乙方应按甲方要求自费修复。若乙方不履行义务和责任,则甲方可直接委托或通过招标形式选择施工单位对项目进行养护和维修,养护及维修的费用经结算后直接从乙方的运营期履约担保中扣除,不足部分由乙方支付。

第54条 项目移交违约及处理

【项目合同应明确项目移交过程中各方违约行为的认定和违约责任。可视影响将违约行为划分为重大违约和一般违约,并分别约定违约责任。】

如乙方在特许经营期满后未履行本条规定的各项义务,甲方将强制接管项目,并由乙方无条件承担由此产生的一切费用及延期移交项目给甲方造成的各项损失。

十、收入和回报

【本款重点约定合作项目收入、价格确定和调整、财务监管及违约责任等事项,为项目合同的必备。】

第55条 项目运营收入

【项目合同应按照合理收益、节约资源的原则,约定社会资本主体的收入范围、计算方法等事项。详细内容可在合同附件中描述。

(1)社会资本主体提供公共服务而获得的收入范围及计算方法。

(2)社会资本主体在项目运营期间可获得的其他收入。

(3)如涉及政府与社会资本主体收入分成的,应约定分成机制,如分成计算方法、支

付方式、税收责任等。】

55.1 项目收入来源

(1) 本项目基本收入由车辆通行费收入和其他业务收入两部分构成。车辆通行费收入是指乙方按照国家规定收取的车辆通行费收入。其他业务收入包括服务区收入和经营开发收入,其中服务区收入主要来源于加油站和便利店、洗车、修车、住宿、餐饮等收入;经营开发收入主要包括广告开发收入及其他相关开发收入。

(2) 政府给予乙方其他优惠政策产生的收入:_____。

(3) 政府给予乙方的财政补贴:_____。

(4) 项目收入的具体范围见本合同附件七。

55.2 项目收入、回报的分配机制

为公平分担风险、保护双方的合理利益,双方约定项目收入与回报的分配机制如下:

55.2.1 政府补贴额度的计算公式

政府每年直接付费数额包括:乙方承担的年均建设成本(折算成各年度现值)、年度运营成本和合理利润,再减去每年使用者付费的数额。计算公式为:

$$当年运营补贴支出数额 = \frac{项目全部建设成本 \times (1+合理利润率) \times (1+年度折现率)n}{财政运营补贴周期(年)} +$$

$$年度运营成本 \times (1+合理利润率) - 当年使用者付费数额$$

n 代表折现年数。财政运营补贴周期指财政提供运营补贴的年数。年度折现率应考虑财政补贴支出发生年份,并参照同期地方政府债券收益率合理确定。

55.2.2 交通量风险的分担机制

(1) 项目特许经营期内,各年度交通量预测及增长率为:_____。

(2) 如项目在某年度实际交通量低于预测交通量水平的_____,则交通量不足的风险由政府和乙方按以下原则承担:_____。

(3) 如项目在某年度实际交通量高于预测交通量水平的_____,则交通量超额的收益由政府和乙方按以下原则分成:_____。

55.2.3 其他业务收入风险的分担机制

如项目的其他业务收入达不到本合同约定的水平,由乙方自行承担风险;如项目的其他业务收入超过本合同约定的水平,政府参与分成,相关原则如下:_____。

55.2.4 合理投资回报率

(1) 本项目的合理投资回报率为:项目全投资(税后)投资回报率(或资本金投资回报率、内部收益率等其他回报率指标)水平保持在____%至____%幅度范围以内。

(2) 如果对按照本合同第28条认定的项目总投资计算基数、各年度运营成本及项目所有收入进行动态财务分析,项目全投资(税后)投资回报率(或资本金投资回报率、内部收益率等其他回报率指标)高于合理回报率上限(不考虑因乙方承担风险引起的回报率增加)的,政府有权降低下一年度的收费标准或按____%的比例享有超出部分收益。

(3) 如果对按照本合同第28条认定的项目总投资计算基数、各年度运营成本及项目所有收入进行动态财务分析,项目全投资(税后)投资回报率(或资本金投资回报率、内

部收益率等其他回报率指标)低于合理回报率(不考虑因乙方承担风险引起的回报率降低)下限的,政府应按合同要求的额度和时间提供本年度的财政补贴。

55.2.5 项目收入、回报分配的具体计算方法见本合同附件七。

第 56 条 服务价格及调整

【项目合同应按照收益与风险匹配、社会可承受的原则,合理约定项目服务价格及调整机制。

1. 执行政府定价的价格及调整

(1)执行政府批准颁布的项目服务或产品价格。

(2)遵守政府价格调整相关规定,配合政府价格调整工作,如价格听证等。

2. 项目合同约定的价格及调整

(1)初始定价及价格水平年。

(2)运营期间的价格调整机制,包括价格调整周期或调价触发机制、调价方法、调价程序及各方权利义务等。】

(1)车辆通行费收费标准的确定和调整

a. 车辆通行费收费标准的确定和调整按项目所在地省级人民政府有关规定执行。未经批准,乙方不得擅自调整车辆通行费标准,不得在车辆通行费收费标准之外加收或者代收任何费用。

b. 乙方修建与公路经营管理无关的设施,超标准、超规模修建的公路经营管理设施和服务设施,其费用不得作为确定收费标准的依据。

c. 统一按_____元/吨·公里的收费标准进行通行费收益测算。

d. 其他业务收入的价格调整由乙方根据市场或相关政府管理规定执行。投标时统一按_____元、年增长率____%的标准进行收益测算。

(2)运营期间的价格调整机制

具体方法见本合同附件七。

第 57 条 特殊项目收入

【若社会资本主体不参与项目运营或不通过项目运营获得收入的,项目合同应在法律允许框架内,按照合理收益原则约定社会资本主体获取收入的具体方式。】

第 58 条 财务监管

【政府和社会资本合作项目事关公共利益,项目合同应约定对社会资本主体的财务监管制度安排,明确社会资本主体的配合义务,如:

(1)成本监管和审计机制;

(2)年度报告及专项报告制度;

(3)特殊专用账户的设置和监管等。】

(1)甲方有权聘请第三方中介机构对乙方经营成本(包含建设成本、财务成本、运营养护成本、管理成本等)进行监管和核算,并对乙方的经营状况进行评估。

(2)甲方将对乙方进行定期审计,按年度确认乙方实现的各项投资、成本和收入,计算乙方的实际回报率及政府可分成或需给予乙方的财政补贴额度。

(3)乙方应按本合同第 14 条的规定提供相应的财务报告,并对甲方的成本监管和审计工作予以积极配合。

（4）乙方应建立由甲方共管的专用账户，并接受甲方对该账户资金的监管。

（5）对于由社会资本依法自行建设、提供的货物或服务，其合同价格按如下方法予以确定：_____。

第59条　违约事项及其处理

【项目合同应明确各方在收入获取、补贴支付、价格调整、财务监管等方面的违约行为的认定和违约责任。可视影响将违约行为划分为重大违约和一般违约，并分别约定违约责任。】

（1）如果乙方提供的财务报告或其他资料不真实、准确，存在弄虚作假，伪造、瞒报或虚增项目实际收入、成本等行为，经证实后，甲方有权按照本合同第71.2.5项规定处理。

（2）如果乙方为甲方的成本监管和审计工作设置障碍，或拒绝向甲方提供相应的财务报告或其他资料，甲方有权按照本合同第71.2.5项规定处理。

十一、不可抗力和法律变更

【本款重点约定不可抗力事件和法律变更的处理事项，为项目合同的必备。】

第60条　不可抗力事件项目

【合同应约定不可抗力的类型和范围，如自然灾害、社会异常事件、化学或放射性污染、核辐射、考古文物等。】

60.1　不可抗力的定义

"不可抗力"系指不能预见、不能避免并不能克服的客观情况。不可抗力可包括（但不限于）下列特殊事件或情况：

（1）自然灾害：如地震、飓风、台风、火山爆发或水灾等；

（2）社会异常事件：如战争、武装冲突、社会动乱、骚乱、罢工、恐怖行为等，但乙方或承包人的人员骚乱或罢工除外；

（3）核反应、辐射、化学或放射性污染、空中飞行物体坠落。

60.2　适用于乙方的例外

乙方不应将下列情况视为不可抗力：

（1）由于乙方的过失而引起的对任何批复的撤销；

（2）委托的建设、运营管理单位、承包人或任何分包人的疏忽、违约或责任；

（3）材料、设备、机械或部件的任何潜在的缺陷、故障或正常损坏，或由于其交付的延误；

（4）贷款银行不能及时提供资金；

（5）纯属乙方原因导致的罢工。

60.3　适用于甲方的例外

甲方不应将下列情况视为不可抗力：

（1）政府对项目的征用、征收、没收或国有化；

(2)法律变更;

(3)政府的封锁、禁运、进口限制、配额或配给。

60.4 为尽量减少不可抗力事件导致的项目损失,乙方应通过保险来积极防范和转移此类风险。

第61条 不可抗力事件的认定和评估

【项目合同应约定不可抗力事件的认定及其影响后果评估程序、方法和原则。对于特殊项目,应根据项目实际情况约定不可抗力事件的认定标准。】

不可抗力事件由声明受到影响的一方提供其发生的证明材料,另一方对不可抗力事件是否发生作出认定。不可抗力事件确实发生的,双方将共同委托具有相应资质的评估机构对不可抗力事件对合同履行造成的后果进行评估。

第62条 不可抗力事件发生期间各方权利和义务

【项目合同应约定不可抗力事件发生后的各方权利和义务,如及时通知、积极补救等,以维护公共利益,减少损失。】

(1)声明受到不可抗力影响的一方应在不可抗力发生后24小时内,或已经意识到发生不可抗力的时候,尽快以书面形式通知对方。该通知应详细说明不可抗力的性质、开始的日期、预计持续时间以及对受影响方履约本合同下的义务所造成的影响。

(2)受不可抗力事件影响的一方应采取合理的努力以缓解不可抗力的影响,并承担采取这种措施时可能发生的费用。双方应协商决定采取合理的措施以减少不可抗力对双方造成的损失。双方应对不可抗力产生的后果承担各自的费用,除非本合同另有规定。

(3)如果声明受到不可抗力影响的一方已经按照本款的规定进行了通知,并且符合本合同第27.2.1项的规定,则履行本合同项下的义务所需的期限就可进行适当的延长,延长的期限应等同于不可抗力对该义务所造成的影响的期限。

第63条 不可抗力事件的处理

【项目合同应根据不可抗力事件对合同履行造成的影响程度,分别约定不可抗力事件的处理。造成合同部分不能履行,可协商变更或解除项目合同;造成合同履行中断,可继续履行合同并就中断期间的损失承担做出约定;造成合同履行不能,应约定解除合同。】

63.1 不可抗力引起的履约中止

(1)任何一方因不可抗力事件的影响而不能履行本合同项下的义务时,有权中止其履约行为,并且不应被视为违约,不应承担违约责任。

(2)声明受到不可抗力影响的一方只有在签订本合同时不能合理预见这种情况,或尽管采取了一切努力,仍无法避免或克服这种情况时,才可按本款(1)中的规定中止履行本合同。

(3)不可抗力一经结束,或意识到不可抗力即将结束时,声明受到不可抗力影响的一方应尽快以书面形式通知对方,并立即恢复履行本合同项下的义务。

63.2 不可抗力造成的合同解除

不可抗力事件发生后,双方将根据不可抗力对本合同履行的影响,依据下列情形决定继续履行或者解除本合同,决定解除本合同的,还应按照本合同第 67.3 款的约定处理。

(1)如果发生的不可抗力事件对项目损坏严重,使乙方损失巨大,履行本合同的能力受到严重影响,而此种损失不在保险之列,或者可得到的保险赔偿不足以补救此种损失所需费用的 80%,可以认定项目不可修复或不值得修复。补救此种损失所需费用以双方认可的评估机构确认的金额为依据确定。

一旦认定项目不可修复或不值得修复,任何一方均有权通知对方解除本合同。

经协商认定项目可修复或值得修复,双方将就项目继续建设或补救项目损失事宜进行协商,并达成合同。

(2)如果不可抗力妨碍或阻止一方履约的时间,自此种不可抗力发生之日起超过 180 日,双方应协商决定继续履行本合同的条件或协商解除本合同。如果双方在此种不可抗力发生后 12 个月内不能商定此种条件或协商解除本合同,双方均有权书面通知对方解除本合同。

(3)因不可抗力造成本合同完全或部分不能履行的,免除完全或部分不能履行本合同的责任。

63.3 不可抗力的风险分担

因不可抗力造成双方损失的,由双方各自承担自己的损失,但本合同另有约定的除外。

第 64 条 法律变更

【项目合同应约定,如在项目合同生效后发布新的法律、法规或对法律、法规进行修订,影响项目运行或各方项目收益时,变更项目合同或解除项目合同的触发条件、影响评估、处理程序等事项。】

如果法律变更导致项目建设投资、运营成本增加或减少,或乙方收入降低或提高,双方将按照下列原则和评估程序进行利益分成或费用分担:_____。

十二、合同解除

【本款重点约定合同解除事由、解除程序,以及合同解除后的财务安排、项目移交等事项。

本章为项目合同的必备篇章。】

第 65 条 合同解除的事由

【项目合同应约定各种可能导致合同解除的事由,包括:
(1)发生不可抗力事件,导致合同履行不能或各方不能就合同变更达成一致;
(2)发生法律变更,各方不能就合同变更达成一致;
(3)合同一方严重违约,导致合同目的无法实现;
(4)社会资本主体破产清算或类似情形;
(5)合同各方协商一致;
(6)法律规定或合同各方约定的其他事由。】

65.1 有下列情形之一的,本合同可予以解除

(1)发生不可抗力事件,导致合同履行不能或各方不能就合同变更达成一致;
(2)发生法律变更,各方不能就合同变更达成一致;
(3)合同一方严重违约,导致合同目的无法实现;
(4)乙方不愿或无力继续经营,或发生清算、不能支付到期债务、破产或其他类似情形;
(5)合同各方协商一致;
(6)项目因社会公共利益需要被依法征收;
(7)法律规定或合同各方约定的其他事由。

65.2 因乙方严重违约、甲方可提出解除合同的事由包括:

(1)本合同第71.2款约定的解除合同的情形;
(2)若项目建设资金链一次性持续中断超过60天,或多次中断累计超过90天;
(3)由于乙方的过失,导致项目施工停工时间超过____天或不能在预计的交工日期后____个月内完成。

65.3 因甲方严重违约、乙方可提出解除合同的事由包括:

(1)本合同第71.3款约定的解除合同的情形;
(2)由于法律、法规、政府政策的变化或甲方的原因,致使本合同无法继续履行或本合同目的无法实现,并且乙方提供了充足的证据证明两者之间的因果联系。

第66条 合同解除程序

【项目合同应约定合同解除程序。】

66.1 不得擅自提前终止或解除

除法律规定或本合同另有约定外,非经对方同意,任何一方不得擅自提前终止或解除本合同,本合同授予的特许经营权应在特许经营期满时结束。

66.2 合同解除程序

(1)合同任何一方依据第65条的约定解除本合同的,应当签订解除协议或发送解除通知,本合同自解除协议生效或解除通知到达对方时解除,本合同解除后的其他事宜按照第67条、68条的规定处理。
(2)接到解除通知的一方有异议的,可以按照本合同第73条约定请求相应机构确认解除通知的效力,但争议期间对相关问题的处理,仍以解除通知有效为前提。
(3)从本合同解除之日起乙方不再享有项目特许经营权。

第67条 合同解除的财务安排

【按照公平合理的原则,在项目合同中具体约定各种合同解除情形时的财务安排,以及相应的处理程序。如:

(1)明确各种合同解除情形下,补偿或赔偿的计算方法,赔偿应体现违约责任及向无过错方的利益让渡。补偿或赔偿额度的评估要坚持公平合理、维护公益性原则,可设计具有可操作性的补偿或赔偿计算公式;

(2)明确各方对补偿或赔偿计算成果的审核、认定和支程序。】

67.1 甲方一方解除合同

在特许经营期内,本合同按第65.1(4)款或第65.2款规定被解除后,乙方的建设期履约担保和(或)运营期履约担保将被没收,同时,甲方和乙方将共同委托具有相应资质的评估机构根据乙方的投资额、剩余的特许经营期限及项目现状进行评估,甲方有权按照项目评估价值的____%向乙方收购本项目,其余的____%作为乙方对甲方的赔偿。因乙方违反本合同约定而导致甲方一方解除合同的,甲方将在本合同解除之日无条件、无偿接管项目与相关资料等,有权无偿使用或许可与项目建设有关的第三人无偿使用与项目有关的知识产权,继续组织投资建设或经营。

如果乙方的建设期履约担保或运营期履约担保及本款约定的赔偿金仍无法弥补甲方损失的,甲方有权继续向乙方追索。

67.2 乙方一方解除合同

在特许经营期内,本合同按第65.1(2)款或第65.3款规定被解除后,甲方和乙方将共同委托具有相应资质的评估机构根据乙方的投资额、剩余的特许经营期限及项目现状进行评估,甲方将按照评估值无条件收购本项目,并对由此给乙方造成的损失进行适当赔偿。

67.3 因不可抗力解除合同

(1)因不可抗力导致本合同解除的,由甲方收回项目与相关资料等,并给予适当补偿,补偿数额以甲方和乙方共同委托的具有相应资质的评估机构对项目已形成的固定资产确认的资产评估额为依据。

项目已形成的固定资产是指在项目土地使用区域范围内的公路及公路附属设施。

(2)因不可抗力造成的甲方可得利益损失,由甲方承担;因不可抗力造成的乙方投资额与资产评估额的差额损失以及投资回报的损失,由乙方承担。

67.4 因征收解除合同

(1)因社会公共利益需要,经项目所在地省级以上政府批准,项目可被依法征收。

(2)决定征收的政府有偿收回项目与相关资料等,并以双方共同委托的具有相应资质的评估机构经审计确认的乙方投资额与已收回投资额的差额为依据确定补偿数额。

(3)决定征收的政府将按合理的年限和投资回报率对乙方进行适当补偿。

第68条 合同解除后的项目移交

【项目合同应约定合同解除后的项目移交事宜,可参照本指南"项目移交"条款进行约定。】

无论因何种原因导致合同解除,双方均应遵守下列规定:

(1)乙方应当将与本项目有关的全部资料包括但不限于勘察设计文件、前期工作报告、项目收费权质押登记文件、财务凭证等移交甲方;

(2)乙方应自本合同终止之日起30天内成立清算组,依法履行清算职责;

(3)乙方应采取各项有效措施解除附着在项目固定资产上的或依托在项目上的任何种类或性质的债务、担保物权等第三人权利;

(4)在甲方接管权利前以乙方名义所发生的一切债权、债务由乙方承担;

(5)甲方接管权利前乙方对外签订的一切合同,对甲方无约束力,但原施工、监理、勘察设计、养护单位要求继续履行合同的,甲方有权与之协商一致后对原合同有关条款予以变更,变更后的施工、监理、勘察设计、材料供应、养护等合同继续履行。对原合同有关条款的变更不能达成一致的,甲方有权要求其退场,因此发生的一切后果由乙方承担;

(6)合同终止后,甲方有权依法收回项目建设用地。

第69条 合同解除的其他约定

【结合项目特点和合同解除事由,可分别约定在合同解除时项目接管、项目持续运行、公共利益保护以及其他处置措施等。】

69.1 特殊情况下的短期征用

(1)特殊情况下的短期征用,主要是指经项目所在地省级以上政府批准,在紧急情况下政府出于国家安全、抢险救灾或其他考虑对于项目的短期征用,而并非提前收回本项目。

(2)乙方同意政府在特殊情况下按照本合同规定短期征用本项目,本项目只能向政府同意的车辆开放交通。

(3)乙方在征用期间暂停享有项目的特许经营权,征用结束后,乙方恢复享有项目的特许经营权。

(4)乙方因项目被征用所遭受的损失,由决定征用的政府按征用期和投资回报率对乙方进行适当补偿。双方之间应就支付的数额和支付时间达成协议。如果达不成协议,双方可按本合同第十四章的规定提请争议解决。

69.2 不影响采取补救措施

任何一方行使终止本合同的权利并不排除该方采取本合同或法律赋予的任何其他补救措施。

十三、违约处理

【关于违约的其他未约定事项,在本款中予以约定;也可将关于违约的各种约定在本款集中明确。

本款为项目合同的必备。】

第70条 违约行为认定

【项目合同应明确违约行为的认定以及免除责任或限制责任的事项。】

70.1 乙方违约的情形

在特许经营期内发生的下列情况属乙方违约:

(1)乙方未按本合同第20条规定支付前期工作费用;

(2)乙方为社会资本在项目实施过程中抽回、侵占和挪用项目资本金及其他建设资金;项目资本金及其他建设资金不能按计划分期足额到位,造成项目建设资金链中断;

(3)乙方发生本合同第34.1款规定的视为放弃施工的行为;

(4)乙方在施工招标及工程实施过程中,故意造成项目总投资超过概算总投资;

(5)乙方未按本合同第30.3款规定进行交工验收或竣工验收;

(6)由于乙方的过失,使项目施工不能在预计的交工日期内完成;

(7)本项目交工验收或竣工验收确定的工程质量低于本合同第25.1款规定的质量目标;

(8)乙方未按照国家规定的技术规范和操作规程进行项目养护的,或者虽已按规定进行养护但不能达到本合同第40条规定的运营养护目标或服务质量目标的,或者乙方违反了本合同第42.1款的规定;

(9)乙方未完全履行本合同第九章规定的移交义务;

(10)乙方未能按本合同第11.2款规定向甲方交纳或者未足额交纳运营期履约担保;

(11)乙方违反本合同第76.2款规定,转让本合同或本合同项下任何权利或义务,或其任何资产,或者改变乙方内部的股权比例;

(12)乙方利用本项目进行欺诈等违法活动的;

(13)乙方不愿或无力继续经营,或发生清算、不能支付到期债务、破产;

(14)乙方违反本合同规定的其他主要义务。

70.2 甲方违约的情形

在特许经营期内发生的下列情况属甲方违约:

(1)因国家或公共利益的需要,甲方需征用本项目;

(2)甲方未遵守本合同承诺的优惠政策;

(3)重大调整。如果在项目的施工图设计批准后,甲方就本项目的技术标准、路线走向、主要控制点和建设规模等重要因素,向乙方提出调整与变更,致使乙方需要进行工程变更设计、重新采购主体设备,导致工程中途停建、缓建,使工程不能在预定日期完工的;

(4)未按合同的金额、时间提供补贴(如果有)或付费(如果有);

(5)甲方违反本合同规定的其他主要义务。

第71条 违约责任承担方式[①]

【项目合同应明确违约行为的承担方式,如继续履行、赔偿损失、支付违约金及其他补救措施等。】

71.1 违约责任承担方式

合同任何一方不履行本合同约定的义务,守约方可视违约方违约的程度单独或并列行使下列权利:

(1)责令违约方在指定期限内改正;

(2)要求违约方按本合同第71.2款、第71.3款的约定支付违约金;

(3)若违约金不足以弥补损失的,要求违约方继续赔偿损失;

(4)在违约方支付违约金、赔偿损失后,依照本合同约定解除合同或要求违约方继续

[①]对于涉及使用财政资金的项目,项目实施机构、社会资本或项目公司未履行项目合同约定义务的,应承担相应违约责任,包括停止侵害、消除影响、支付违约金、赔偿损失以及解除项目合同等。

履行本合同。

违约方依照上款约定承担民事责任后,不影响其依法承担行政责任、刑事责任。

71.2 对乙方违约的处理

71.2.1 乙方发生本合同第70.1款(3)、(11)、(12)、(13)项约定的违约情况时,甲方有权按本合同第67.1款规定立即解除合同。

71.2.2 乙方发生本合同第70.1款(4)项约定的违约情况时,甲方有权相应缩短收费期或降低收费标准。

71.2.3 乙方发生本合同第70.1款(6)项约定的违约情况时,每延误1天,甲方有权从建设期履约担保中扣除____万元作为违约金。

71.2.4 乙方发生本合同第70.1款(7)项约定的违约情况时,如果交工验收和竣工验收确定的工程质量均达到合格标准,甲方有权从建设期或运营期履约担保中扣除最高不超过____万元的违约金;对于工程质量未达到合格标准的,甲方有权按本合同第67.1款规定立即解除合同。

71.2.5 乙方发生本合同第70.1款(1)、(2)、(5)、(8)、(9)、(10)、(14)项约定的违约情况时,甲方将向乙方发出书面通知要求其改正,并有权从建设期履约担保或运营期履约担保中扣除最高不超过____万元的违约金;乙方未在规定期限内予以改正的,甲方有权按本合同第67.1款规定立即解除合同。

71.3 对甲方违约的处理

71.3.1 甲方发生本合同第70.2款(1)项约定的违约情况时,乙方应按本合同第12.2.3项规定立即终止合同。

71.3.2 甲方发生本合同第70.2款(3)项约定的违约情况时,乙方有权顺延交工日期,甲方应承担因此给乙方造成损失的合理赔偿责任。

71.3.3 甲方发生本合同第70.2款(2)、(4)、(5)项约定的违约情况时,乙方将向甲方发出书面通知要求其改正;甲方未在规定期限内予以改正的,乙方有权按本合同第12.2.3项规定立即终止合同。

第72条 违约行为处理

【项目合同可约定违约行为的处理程序,如违约发生后的确认、告知、赔偿等救济机制,以及上述处理程序的时限。】

(1)合同任何一方违约后,对方可书面告知违约方发生的违约事实与理由,并有权责令违约方在30日期限内改正。

(2)被告知违约的一方收到违约告知书后,有权在改正期内对对方的告知提出异议,或者在改正期限内予以改正,不能按期改正或改正未达到约定条件的,立即告知对方事实与理由。

(3)违约告知方接到告知异议书后有权重新核实情况,并将结果通报告知异议人;在90日内未告知核实结果的,视为违约告知异议成立。

(4)违约方未在被告知的改正期内改正违约行为的,告知方有权依据本合同第73条的约定,要求违约方承担违约责任,并且继续履行本合同;或者依据本合同第66.2款约定与对方签订解除协议或向对方发出解除通知,并按照本合同第十二章的约定处理其他事宜。

十四、争议解决

【本款重点约定争议解决方式,为项目合同的必备。】
第73条 争议解决方式
【(1)协商

通常情况下,项目合同各方应在一方发出争议通知指明争议事项后,首先争取通过友好协商的方式解决争议。协商条款的编写应包括基本协商原则、协商程序、参与协商人员及约定的协商期限。若在约定期限内无法通过协商方式解决问题,则采用调解、仲裁或诉讼方式处理争议。

(2)调解

项目合同可约定采用调解方式解决争议,并明确调解委员会的组成、职权、议事原则,调解程序,费用的承担主体等内容。

(3)仲裁或诉讼

协商或调解不能解决的争议,合同各方可约定采用仲裁或诉讼方式解决。采用仲裁方式的,应明确仲裁事项、仲裁机构。】

73.1 协商

当发生因履行、违反、终止本合同或因本合同的无效、解释而产生任何争议、纠纷或索赔要求(统称为"争议")时,双方应首先通过友好协商的方式解决。

友好协商应以相关法律、法规以及合同约定为依据,遵循公平原则。友好协商30天仍未解决的,或合同任何一方拒绝友好协商的,另一方均可向项目调解委员会申请调解。

73.2 调解

(1)本合同生效后3个月内,双方应成立一个由3名甲方代表、3名乙方代表和1名甲乙双方均认可的独立代表组成的项目调解委员会。任何一方均可在通知另一方后更换项目调解委员会成员。该委员会的所有决定均应得到委员会全体成员的一致通过方为有效。

(2)项目调解委员会调解事项包括但不限于:

a. 双方在项目建设、运营管理方面的分歧和移交标准、移交程序;

b. 在发生不可抗力影响项目建设、运营时讨论应采取的措施;

c. 为解决本合同项下的争议任命财务专家或专家小组;

d. 双方同意的其他事项。

(3)项目调解委员会的一致决议对双方均有约束力。项目调解委员会在60日内无法协商解决,则应适用本合同第73.3款的规定。

(4)项目调解委员会的各项费用由甲方和乙方平均分担。

73.3 仲裁或诉讼

(1)如果争议未能根据本合同第73.2款予以解决,则合同任何一方均有权按方式

____解决争议:

方式一:向_____仲裁委员会申请仲裁;

方式二:向_____法院提起诉讼。

(2)采用仲裁方式最终解决争议的项目,仲裁裁决是终局性的并对合同双方具有约束力。全部仲裁费用应由败诉方承担,或按仲裁委员会裁决的比例分担。

第74条 争议期间的合同履行

【诉讼或仲裁期间项目各方对合同无争议的部分应继续履行;除法律规定或另有约定外,任何一方不得以发生争议为由,停止项目运营服务、停止项目运营支持服务或采取其他影响公共利益的措施。】

(1)在对争议进行友好协商、调解、仲裁或诉讼时,除涉及争议的条款外,本合同其余部分继续履行,拒不履行造成损害的应向对方承担赔偿责任;除法律规定或另有约定外,任何一方不得以发生争议为由,停止项目运营服务、停止项目运营支持服务或采取其他影响公共利益的措施;不能确定与争议是否有关的条款或其他条款,在必须履行时,双方均应继续履行。

本条前款约定不影响双方根据仲裁裁决调整已经进行的行为及后果。

(2)与本合同的成立、生效、效力以及解除有关的争议,无论是友好协商、调解期间,还是提请仲裁、诉讼期间,任何一方终止履行本合同的,不影响对方根据仲裁或诉讼裁决追究终止履行合同一方的民事责任。

(3)本合同第73条规定的争议解决条款在本合同终止后继续有效。

十五、其他约定

【本款约定项目合同的其他未尽事项,为项目合同的必备。】

第75条 合同变更与修订[①]

【可对项目合同变更的触发条件、变更程序、处理方法等进行约定。项目合同的变更与修订应以书面形式作出。】

本合同各方当事人可以通过签订补充合同的方式对本合同的内容进行变更与修订,所签订的补充合同与本合同具有同等法律效力。

第76条 合同的转让

【项目合同应约定合同权利义务是否允许转让;如允许转让,应约定需满足的条件和程序。】

76.1 甲方的转让

未经乙方事先书面同意,甲方不能转让本合同或本合同项下的任何权利或义务。

76.2 乙方的转让

(1)在项目竣工验收合格之前,乙方不得转让本项目的特许经营权,或者改变乙方内

[①]对于涉及使用财政资金的项目,按照项目合同约定的条件和程序,项目实施机构和社会资本或项目公司可根据社会经济环境、公共产品和服务的需求量及结构等条件的变化,提出修订项目合同申请,待政府审核同意后执行。

部的股权比例。

(2)在项目竣工验收合格之后,未经甲方同意,乙方亦不能转让本合同或本合同项下任何权利或义务,或其任何资产,或者改变乙方内部的股权比例。

(3)项目公路权益的转让条件、转让程序、转让收入使用管理、权益转让后续管理及收回等必须遵守《收费公路管理条例》和交通运输部《收费公路权益转让办法》的相关规定。转让项目公路收费权,不得延长收费期限,且不得以此为由提高车辆通行费标准。

76.3 权益的质押

(1)特许经营期内,乙方依据《中华人民共和国担保法》等法律及法规的规定,并在向甲方办理收益权质押登记手续后,有权质押项目收费权,有权质押、转让、租赁本项目的其他经营项目的收益权,但时限不得超过特许经营期限。质押、转让、租赁本合同项下的权益获得的银行贷款必须全部用于项目,不得挤占、挪用、截留或抽逃;非因本项目建设和经营需要,乙方不得以本合同项下的权益设定质押。

(2)乙方不得对外提供担保,包括为其股东债务提供任何形式的担保,不得承担其股东的债务。

第77条 保密

【项目合同应约定保密信息范围、保密措施、保密责任。保密信息通常包括项目涉及国家安全、商业秘密或合同各方约定的其他信息。】

甲方和乙方应对本合同的内容和项目的所有应保密的信息及文件保密。未经对方同意,不得向任何人或单位披露或者泄露本合同和本项目所包含或涉及的任何内容,但以下情形除外:

(1)对各方负有保密义务的职员、法律顾问的披露;

(2)根据法律规定有权了解本合同内容的司法、行政机关的披露;

(3)为满足本合同的生效条件而向有关部门或人员所作的披露;

(4)为了本项目的融资而向有关金融机构所作的披露。

第78条 信息披露[①]

【为维护公共利益、促进依法行政、提高项目透明度,合同各方有义务按照法律法规和项目合同约定,向对方或社会披露相关信息。详细披露事项可在合同附件中明确。】

详细信息披露事项见本合同附件八。

第79条 廉政和反腐

【项目合同应约定各方恪守廉洁从政、廉洁从业和防范腐败的责任。】

(1)合同双方应恪守廉洁从政、廉洁从业和防范腐败的责任。

(2)合同双方的业务活动应坚持公开、公正、诚信、透明的原则(法律认定的商业秘

[①] 对于涉及使用财政资金的项目,政府、社会资本或项目公司应依法公开披露项目相关信息,保障公众知情权,接受社会监督。

社会资本或项目公司应披露项目产出的数量和质量、项目经营状况等信息。政府应公开不涉及国家秘密、商业秘密的政府和社会资本合作项目合同条款、绩效监测报告、中期评估报告和项目重大变更或终止情况等。

社会公众及项目利益相关方发现项目存在违法、违约情形或公共产品和服务不达标准的,可向政府职能部门提请监督检查。

密和本合同另有约定除外),不得损害国家、集体和公众利益,不得违反工程建设管理法律、法规和规章制度。

(3)甲方及其工作人员不得索要或接受乙方的礼金、有价证券和贵重物品,不得参加乙方安排的宴请和娱乐活动,不得让乙方报销任何应由甲方或甲方工作人员个人支付的费用等。

(4)如果乙方采用行贿、送礼或其他不正当手段企图影响或已经影响了甲方工作人员的行为,或欲获得或已获得超出合同规定以外的额外收入或利益,则甲方应按有关法纪严肃处理当事人,且乙方应对其上述行为造成的工程损害、甲方的经济损失等承担一切责任,并予赔偿。情节严重者,甲方有权终止本合同。

第80条 不弃权

【合同应声明任何一方均不被视为放弃本合同中的任何条款,除非该方以书面形式作出放弃。任何一方未坚持要求对方严格履行本合同中的任何条款,或未行使其在本合同中规定的任何权利,均不应被视为对任何上述条款的放弃或对今后行使任何上述权利的放弃。】

合同任何一方均不被视为放弃本合同中的任何条款,除非该方以书面形式作出放弃。合同任何一方未坚持要求对方严格履行本合同中的任何条款,或未行使其在本合同中规定的任何权利,均不应被视为对任何上述条款的放弃或对今后行使任何上述权利的放弃。

第81条 通知

【项目合同应约定通知的形式、送达、联络人、通讯地址等事项。】

(1)本合同项下双方往来的所有通知、声明等函件均应采用书面形式,并以下列方式之一送达:

a. 直接递交;

b. 传真或电子邮件;

c. 特别专递、挂号信。

(2)采用直接递交或以传真或电子邮件方式送达的,则到达的日期被视为送达当日。

(3)如果是以特别专递、挂号信送达的,则投递邮戳日后的第三日视为到达的日期。

(4)合同双方的通讯地址如下:

甲方:

地址:

邮编: 收件人:

电话: 传真:

乙方:

地址:

邮编: 收件人:

电话: 传真:

(5)任何一方住所地变更应通知对方。通知到达对方后,随后的通知、声明等函件应按新地址送达。

第82条 合同适用法律

【项目合同适用中华人民共和国法律。】

本合同的成立、生效、履行与解释,适用本合同签署时现行的或生效后新颁布的法律、法规、规章等。如果新颁布的法律、法规或规章等对现行的法律、法规或规章等有修改、废止的,按新法律、法规或规章等执行。

第83条 适用语言

【项目合同应约定合同订立及执行过程中所采用的语言。对于采用多种语言订立的,应明确以中文为准。】

本合同订立及执行过程中所采用的语言为中文。

第84条 适用货币

【明确项目合同所涉及经济行为采用的支付货币类型。】

本合同所涉及经济行为采用的支付货币均为人民币。

第85条 对资料的权利

85.1 由甲方向乙方提供的资料,或主要以此为基础开发的资料,包括文件、计算机程序和其他存储在任何媒介上的资料,均视为甲方的财产。乙方应不为项目之外的事宜使用上述资料,并且应在特许经营期满后将上述资料返还给甲方。

85.2 由乙方向甲方提供的资料,或主要以此为基础开发的资料,包括文件、计算机程序和其他存储在任何媒介上的资料,均视为乙方的财产。甲方有权为实施本项目拥有并自由使用上述资料。

第86条 弃权

在中国法律、法规允许的范围内,双方对于本合同项下权利的未行使或延误行使不应视为对该权利的放弃,而且对该权利的单独或部分行使也不能阻止任何未来对该权利的行使。

第87条 独立性

本合同某一条款的无效,如果对本合同的履行或合同目的的实现没有实质性影响,则本合同其他条款继续有效。

第88条 本合同的优先性

本合同对双方之间关于项目的任何方面及全部合同关系均有效力。乙方应保证其签订并履行其他项目合同将不导致其违反或不履行其在本合同项下的义务,一旦本合同与任何项目合同之间出现冲突,包括解释本合同中的全部问题,本合同应在双方之间优先于其他合同。

第89条 合同份数

【项目合同应约定合同的正副本数量和各方持有份数,并明确合同正本和副本具有同等法律效力。】

本合同正本____份、副本____份,合同双方各执正本____份,副本____份。合同正本和副本具有同等法律效力。

第90条 合同附件

【项目合同可列示合同附件名称。】
本合同附件包括:①
附件一　适用法律、标准和规范;
附件二　勘察设计遵循的技术经济指标;
附件三　项目建设的进度、质量、安全及管理要求;
附件四　项目的运营服务标准;
附件五　项目运营维护与设施修理事项;
附件六　项目移交范围及标准;
附件七　项目收入的范围及分配方法;
附件八　风险划分;
附件九　详细信息披露事项。

甲　方：　(单位全称)(盖单位章)　　　乙　方:(单位全称)(盖单位章)
法定代表人　(职务)　　(姓名)　　　　法定代表人　(职务)　　(姓名)
　　　(签字)　　　　　　　　　　　　　　　　(签字)
　　　日期：＿＿年＿＿月＿＿日　　　　　　　日期：＿＿年＿＿月＿＿日

---

①合同附件由招标人在出售招标文件之前确定具体内容,作为 PPP 项目合同的组成部分。

附件一 适用法律、标准和规范

一、在中华人民共和国境内现行的法律法规,包括但不限于:

……

二、适用于本项目的现行的标准和规范,包括但不限于:

……

三、对于本附件中未述及或未规定的事项,但为法律法规或强制性标准或行业管理所要求的,乙方也应遵循。在特许经营期内,法律、标准和规范变更的,乙方应执行最新版本的法律、标准和规范。

附件二 勘察设计遵循的技术经济指标

附件三　项目建设的进度、质量、安全及管理要求

附件四 项目的运营服务标准

附件五　项目运营维护与设施修理事项

附件六 项目移交范围及标准

附件七　项目收入的范围及分配方法

一、项目收入的具体范围

……

二、项目收入、回报分配的具体计算方法

……

三、运营期间的价格调整机制

……

附件八 风 险 划 分

一、项目风险内容
……

二、风险划分
……

三、共担风险的承担比例或细分约定
……

附件九　详细信息披露事项

一、经审计的年度财务报表；
二、项目运营状况、技术状况、监测数据等。

第三节　资金管理协议书格式

资金管理协议书

项目公司：　　　　　　　　　　（以下简称"甲方"）
经办银行：　　　　　　　　　　（以下简称"乙方"）
政　　府：　　　　　　　　　　（以下简称"丙方"）

为了促进　(公路项目名称)　的顺利实施，确保项目资金专款专用，同时为甲方提供便捷有效的银行业务服务，根据PPP项目合同有关规定，经甲、乙、丙三方协商，达成协议如下：

1. 资金管理的内容
（1）甲方应在成立后15天内，在乙方开设基本结算户；
（2）甲方应按协议规定将项目资金汇入在乙方开设的基本结算账户；
（3）甲方应将项目资金专项用于(公路项目名称)建设或运营；
（4）乙方应为甲方提供便捷有效的银行业务服务，并接受丙方委托对甲方在乙方开设的基本结算户资金使用情况进行监督。

2. 甲方的权利和义务
（1）项目公司成立以后，甲方应尽快在乙方开设基本结算户；
（2）确保本项目资金专款专用，不发生挪用、转移资金的现象；保证不通过权益转让、抵押、担保承担债务等任何其他方式使用基本结算户的资金；
（3）建设资金做到专款专用，甲方在办理单笔业务金额超过100万元以上的工程款、设备材料采购等合同款款项支付时，应向乙方出具合同、协议、支付证书、发票等相关证明材料。

3. 乙方的权利和义务
（1）成立以单位负责人为组长，业务科长、会计科长及经办人员为成员的服务小组，明确业务流程，提高工作效率；
（2）根据甲方提供的合同、协议、支付证书、发票等相关材料，检查该笔资金是否用于本项目建设，对本项目以外的款项，有权拒绝办理，并及时通报丙方；
（3）在接到甲方提供的票据、资料后，8个工作小时内办理支付，如遇乙方有权拒绝办理的项目，也应在同一时间段内回复甲方；
（4）每月15日前将甲方上月的资金使用情况，整理后书面报送丙方；乙方复印备案的材料一并送丙方。

4. 丙方的权利和义务
（1）不定期审查乙方对甲方的资金使用监督情况，如乙方不能履行其责任，丙方有权随时终止本协议；
（2）在甲、乙双方发生争议时，丙方应负责协调、解决。

5. 甲、乙、丙三方都应履行保密责任，不得将其他两方的业务情况透露给三方以外的其他单位或个人。

6. 本协议有效期自甲方在乙方开户起,至特许经营期满后结束。

7. 协议未尽事宜,由甲方牵头,三方协商解决。

8. 本协议一式三份,三方各执一份。

甲　方：(单位全称)(盖单位章)　　　　乙　方：(单位全称)(盖单位章)
法定代表人或其授权的代理人　　　　　　法定代表人或其授权的代理人
(职务)　　　　　　　　　　　　　　　　(职务)
(姓名)　　　　　　　　　　　　　　　　(姓名)
(签字)　　　　　　　　　　　　　　　　(签字)
日期：_____年_____月_____日　　　　日期：_____年_____月_____日

丙　方：(单位全称)(盖单位章)
法定代表人或其授权的代理人
(职务)
(姓名)
(签字)
日期：_____年_____月_____日

第四节　投资人履约银行保函格式

履约银行保函

致：　（招标人全称）

　　鉴于　（社会资本全称）　（下称"社会资本"）将与　（招标人全称）　（下称"招标人"）签订_____（项目名称）投资协议，并保证按协议规定负责组建项目公司、筹措该项目的资本金，我方愿意无条件地、不可撤销地就社会资本履行与你方订立的投资协议，向你方提供担保。

　　1. 担保金额为人民币（大写）_____元（￥_____元）。

　　2. 担保有效期自招标人与社会资本签订的投资协议生效之日起至完成合同规定的投资任务（或项目交工验收合格）之日后 30 天止。①

　　3. 在本担保有效期内，因社会资本违反协议约定的义务给你方造成经济损失时，我方在收到你方以书面形式提出的在担保金额内的赔偿要求后，在 7 天内无条件支付，无须你方出具证明或陈述理由。

　　4. 招标人和社会资本对投资协议条款进行任何修改或补充，我方承担本保函规定的义务不变。

担保银行：　（银行全称）　（盖单位章）
法定代表人或其委托代理人：　（职务）
　（姓名）
　（签字）

地　　址：_____
邮政编码：_____
电　　话：_____
传　　真：_____

年　　月　　日

---

①本条内容可修改为："本保函自_____年_____月_____日起生效，至_____年_____月_____日失效"。

第五节　建设期履约银行保函格式

履约银行保函

致：＿＿（招标人全称）＿＿

鉴于＿＿（项目公司全称）＿＿（下称"项目公司"）将与＿＿（招标人全称）＿＿（下称"招标人"）签订＿＿＿＿＿＿＿＿（项目名称）政府和社会资本合作项目合同，我方愿意无条件地、不可撤销地就项目公司履行与你方订立的政府和社会资本合作项目合同中的项目建设期义务，向你方提供担保。

1. 担保金额为人民币（大写）＿＿＿＿＿元（¥＿＿＿＿＿元）。

2. 担保有效期自招标人与项目公司签订的政府和社会资本合作项目合同生效之日起至本项目通过竣工验收且项目公司按政府和社会资本合作项目合同的规定提交运营期履约担保30天后止。①

3. 在本担保有效期内，因项目公司违反合同约定的义务给你方造成经济损失时，我方在收到你方以书面形式提出的在担保金额内的赔偿要求后，在7天内无条件支付，无须你方出具证明或陈述理由。

4. 招标人和项目公司对政府和社会资本合作项目合同进行任何修改或补充，我方承担本保函规定的义务不变。

担保银行：＿（银行全称）＿（盖单位章）

法定代表人

或其委托代理人：＿（职务）＿

＿（姓名）＿

＿（签字）＿

地　　址：＿＿＿＿＿＿＿＿＿＿＿

邮政编码：＿＿＿＿＿＿＿＿＿＿＿

电　　话：＿＿＿＿＿＿＿＿＿＿＿

传　　真：＿＿＿＿＿＿＿＿＿＿＿

年　　月　　日

---

① 本条内容可修改为："本保函自＿＿＿＿年＿＿＿月＿＿＿日起生效，至＿＿＿＿年＿＿＿月＿＿＿日失效"。

第六节　运营期履约银行保函格式

履约银行保函

致:(招标人全称)

　　鉴于　(项目公司全称)　(下称"项目公司")将与　(招标人全称)　(下称"招标人")签订_____(项目名称)政府和社会资本合作项目合同,我方愿意无条件地、不可撤销地就项目公司履行与你方订立的政府和社会资本合作项目合同中的运营期义务,向你方提供担保。

　　1. 担保金额为人民币(大写)_____元(¥_____元)。

　　2. 担保有效期自运营期开始之日起至项目移交满1年后止。①

　　3. 在本担保有效期内,因项目公司违反合同约定的义务给你方造成经济损失时,我方在收到你方以书面形式提出的在担保金额内的赔偿要求后,在7天内无条件支付,无须你方出具证明或陈述理由。

　　4. 招标人和项目公司对政府和社会资本合作项目合同进行任何修改或补充,我方承担本保函规定的义务不变。

　　　　　　　　　　　　　　　　担保银行：(银行全称)　(盖单位章)
　　　　　　　　　　　　　　　　法定代表人
　　　　　　　　　　　　　　　　或其委托代理人：(职务)
　　　　　　　　　　　　　　　　　　　　　　　　(姓名)
　　　　　　　　　　　　　　　　　　　　　　　　(签字)

地　　址：_____
邮政编码：_____
电　　话：_____
传　　真：_____

　　　　　　　　　　　　　　　　　　　　　　　　年　　月　　日

---

① 本条内容可修改为:"本保函自_____年_____月_____日起生效,至_____年_____月_____日失效"。

第五章　投标文件格式

<u>（项目名称）</u>政府和社会资本合作（PPP）招标

投 标 文 件

投标人：_____（盖单位章）

_____年 ____ 月 ____ 日

目 录

1. 投标函
2. 法定代表人身份证明或法定代表人的授权委托书
3. 联合体协议书
4. 投标保证金
5. 关于投资协议、PPP项目合同条款的建议
6. 投标文件附表格式
7. 项目实施计划
8. 其他资料

1. 投标函

投 标 函

_____（招标人名称）：

  1. 经现场踏勘和研究_____（项目名称）社会资本合作（PPP）招标文件的全部内容（含第____号至第____号补遗书）后，我方愿意作为社会资本方与政府建立合作关系，按BOT/ROT/TOT操作模式，承担投资协议、PPP项目合同规定的义务，享有PPP项目合同规定授予的特许经营权。

  2. 在研究了招标文件投资协议、PPP项目合同及附件、投标人须知约定的合同边界条件（包括但不限于：项目总投资认定、收费标准、基准车流量及增长率、政府参股比例、政府补贴、政府付费、绩效目标要求）和风险划分的基础上，我方同意以____%的项目全投资（税后）投资回报率（或资本金投资回报率、内部收益率等其他回报率指标），收费期____年，与政府建立长期合作关系。

  3. 我方接受招标文件投资协议、PPP项目合同及附件规定的我方和项目公司应承担的责任和义务、收入和回报机制、服务价格及调整机制；

  4. 我方承诺的项目资本金出资额为____元，占项目估算总投资的____%，项目融资金额为：____元，占项目估算总投资的____%，我方承诺按投标文件承诺的投资及融资方案实施本项目。

  5. 我方承诺的绩效目标为：_____。

  6. 如果我方中标，我方保证在收到中标通知书后____天内，并在签订投资协议之前，提交____万元人民币的投资人履约担保，并在签订投资协议后____天内按投标文件中的承诺完成项目公司的组建和工商登记手续。

  7. 如果我方中标，在项目公司注册登记并完成项目核准手续后____天内并在签订PPP项目合同前，我方保证项目公司将按照你方认可的条件，提交金额为____万元人民币的建设期履约担保；在项目公司注册登记并完成项目核准手续后____天内，我方保证项目公司将与你方签订PPP项目合同。

  8. 我方承诺在投标有效期内，本投标函对我方具有约束力，并随时接受中标。

  9. 随同本投标函，我方出具金额为人民币____万元的投标保证金。

  10. 在协议正式签署生效之前，本投标函连同你方的中标通知书将构成我们双方之间共同遵守的文件，对双方具有约束力。

  11. 我方承诺：在本项目项目公司组建后，投资协议中除了规定的社会资本方的权利和义务外，项目公司将与甲方签订PPP项目合同，承担PPP项目合同项下的项目公司权利和义务。

投标人：_____（盖单位章）

法定代表人或其委托代理人：_____（签字）

地　　　址：_____

网　　　址：_____

电　　　话：_____

传　　　真：_____

邮政编码：_____

_____年____月____日

2. 法定代表人身份证明或法定代表人的授权委托书

2.1 法定代表人身份证明[①]

投标人名称：_____

企业类型：_____

地址：_____

成立时间：_____年_____月_____日

姓名：__(法定代表人亲笔签字)__ 性别：_____ 年龄：_____ 职务：_____

系_____(投标人名称)的法定代表人。

特此证明。

投标人：_____(盖单位章)

_____年____月____日

注：
1. 法定代表人的签字必须是亲笔签名，不得使用印章、签名章或其他电子制版签名代替；
2. 在法定代表人身份证明后应附有公证机关出具的加盖钢印、单位章并盖有公证员签名章的公证书，钢印应清晰可辨，同时需对法定代表人身份证明中法定代表人的签名、投标人的单位章的真实性进行公证；
3. 公证书出具的日期与法定代表人身份证明出具的日期同日或在其之后。

[①] 如果由投标人的法定代表人签署投标文件，需提交法定代表人身份证明。

2.2 授权委托书[①]

本人_____（姓名）系_____（投标人名称）的法定代表人，现委托_____（姓名）为我方代理人。代理人根据授权，以我方名义签署、澄清、说明、补正、递交、撤回、修改_____（项目名称）社会资本合作（PPP）投标文件，其法律后果由我方承担。

委托期限[②]：_____。

代理人无转委托权。

投 标 人：_____（盖单位章）
法定代表人：_____（签字）
身份证号码：_____
委托代理人：_____（签字）
身份证号码：_____

_____年___月___日

注：
1. 法定代表人和委托代理人必须在授权委托书上亲笔签名，不得使用印章、签名章或其他电子制版签名代替；
2. 在授权委托书后应附有公证机关出具的加盖钢印、单位章并盖有公证员签名章的公证书，钢印应清晰可辨，同时公证内容完全满足招标文件规定；
3. 公证书出具的日期应与授权委托书出具的日期同日或在其之后；
4. 以联合体形式投标的，本授权委托书应由联合体牵头人的法定代表人按上述规定签署并公证。

[①]如果由投标人法定代表人的委托代理人签署投标文件，需提交授权委托书。
[②]委托期限可写：自本委托书签署之日起至投标有效期满。

3. 联合体协议书

＿＿＿＿＿＿＿＿＿（所有成员单位名称）自愿组成联合体，共同参加＿＿＿＿＿＿＿＿＿（项目名称）社会资本合作（PPP）投标。现就联合体投标事宜订立如下协议。

（1）＿＿＿＿＿＿＿＿＿（某成员单位名称）为牵头人。

（2）联合体牵头人合法代表联合体各成员负责本社会资本合作（PPP）招标投标文件编制和合同谈判活动，代表联合体提交和接收相关的资料、信息及指示，处理与之有关的一切事务，并负责合同实施阶段的主办、组织和协调工作。

（3）联合体将严格按照招标文件的各项要求，递交投标文件，履行合同，并对外承担连带责任。

（4）联合体牵头人代表联合体签署投标文件，联合体牵头人的所有承诺均认为代表了联合体各成员。

（5）如中标，联合体各方应当共同与招标人签订投资协议，并向招标人承担连带责任。在组建项目公司之前，联合体内部将签订项目协议书，各自按协议规定承担本项目的任务。在项目协议书中必须包括但不限于以下规定：

a. 联合体各方共同组建的项目公司注册成立后应与招标人签订PPP项目合同，按BOT/ROT/TOT模式，并在PPP项目合同规定的特许经营期满后，按照PPP项目合同的约定将公路（含土地使用权）、公路附属设施及相关资料无偿移交给交通运输主管部门。

b. （牵头人名称）在项目公司所占的出资（或股份）比例为＿＿＿＿＿＿＿＿＿%，（成员一名称）在项目公司所占的出资（或股份）比例为＿＿＿＿＿＿＿＿＿%；……。

c. 项目资本金的分期到位时间。

d. 有关收益分配的约定。

e. 项目协议书须经联合体各方签署和招标人书面认可后生效。

（6）投标工作和联合体在中标后项目实施过程中的有关费用按各自承担的工作量分摊。

（7）本协议书自签署之日起生效，在上述第5条所述的项目协议书生效之后自行失效；联合体牵头人应将该项目协议书正本编入投标文件正本中送交招标人。

（8）本协议书一式＿＿＿＿份，联合体成员和招标人各执一份。

牵头人名称：＿＿＿＿＿＿＿＿＿＿＿＿＿＿＿（盖单位章）
法定代表人：＿＿＿＿＿＿＿＿＿＿＿＿＿＿＿（签字）
成员一名称：＿＿＿＿＿＿＿＿＿＿＿＿＿＿＿（盖单位章）
法定代表人：＿＿＿＿＿＿＿＿＿＿＿＿＿＿＿（签字）
成员二名称：＿＿＿＿＿＿＿＿＿＿＿＿＿＿＿（盖单位章）
法定代表人：＿＿＿＿＿＿＿＿＿＿＿＿＿＿＿（签字）

4. 投标保证金

如采用银行保函,银行保函原件装订在投标文件的正本之中,格式如下。

_____(招标人名称):

鉴于_____(投标人名称)(以下称"投标人")于____年____月____日参加____(项目名称)社会资本合作(PPP)投标,_____(担保人名称,以下简称"我方")无条件地、不可撤销地保证:投标人在规定的投标有效期内撤销或修改其投标文件的;或者投标人在收到中标通知书后,无正当理由拒签投资协议或未按招标文件规定提交投资人履约担保;或者中标人在签订投资协议时向招标人提出附加条件;或者投标人提交了虚假资料;或者有证据显示投标人以他人名义投标、与他人串通投标、以非法手段谋取中标,我方承保证金证责任。收到你方书面通知后,在7天内无条件向你方支付人民币(大写)_____元。

本保函在投标有效期或经延长的投标有效期内保持有效[①]。要求我方承担保证责任的通知应在上述期限内送达我方。你方延长投标有效期的决定,应通知我方。

担保人名称:_____(盖单位章)
法定代表人或其委托代理人:_____(签字)
地　　址:_____
邮政编码:_____
电　　话:_____
传　　真:_____

_____年____月____日

[①] 本条内容可修改为:"本保函自_____年____月____日起生效,至_____年____月____日失效。"但具体失效日期必须在投标有效期期满后。

5. 关于投资协议、PPP 项目合同条款的建议

投标人在详细研究招标文件中的投资协议、PPP 项目合同之后,应在此写明对投资协议、PPP 项目合同条款的建议并阐述理由。上述建议和理由应在满足国家法律法规的前提下,有利于项目的建设、运营、移交等,是合同谈判的依据,但并不意味着招标人必须接受上述建议。

6. 投标文件附表格式

表1 投标人基本情况表

投标人名称				
注册地址			邮政编码	
联系方式	联系人		电话	
	传真		电子邮件	
法定代表人	姓名		电话	
成立时间		员工总人数		
营业执照号		企业类型		
注册资本		总资产		
净资产		银行资信等级		
基本账户开户银行				
基本账户账号				
经营范围				
资产构成情况				
投资参股的关联企业情况	包括投资参股企业名称、投资参股份额、业务范围等			
备注				

注:1. 在本表后应附投标人营业执照副本(全本)的复印件、基本账户开户许可证的复印件、银行资信等级副本的复印件(如有)、勘察设计资质副本(全本)的复印件(如有)、施工资质副本(全本)的复印件(如有)。上述所有执照、证书复印件均应加盖投标人单位章。

2. 在本表后应附投标人企业情况的简介。

3. 以上资料以最近一年度数据为准。

4. 以联合体形式投标的,联合体各成员应分别填写。

表2　组织机构框图

叙述或附图表示投标人的组织机构,母公司和子公司关系(如有),公司法定代表人和主要高管人员姓名。

注:以联合体形式投标的,联合体各成员应分别填写。

表3 财务状况表

项目或指标	单位	___年	___年	……
一、注册资本	万元			
二、净资产	万元			
三、长期投资	万元			
四、总资产	万元			
五、固定资产	万元			
六、流动资产	万元			
其中:1.货币资金	万元			
2.应收账款	万元			
3.预付账款	万元			
4.其他应收款	万元			
5.存货	万元			
七、速动资产	万元			
八、流动负债合计	万元			
其中:1.短期借款	万元			
2.预收及应付款	万元			
九、负债合计	万元			
十、营业收入	万元			
十一、净利润	万元			
十二、现金流量净额	万元			
其中:1.经营活动产生的现金流量净额	万元			
2.投资活动产生的现金流量净额	万元			
3.筹资活动产生的现金流量净额	万元			
十三、主要财务指标				
1.净资产收益率	%			
2.总资产报酬率	%			
3.主营业务利润率	%			
4.流动资产周转率	%			
5.流动比率	%			
6.资产负债率	%			
7.速动比率	%			

注:1.本表后应附:

  a.投标人_____年度注册资本、净资产、长期投资以及担保事项证明文件。

  b.近____年经会计师事务所或审计机构审计的财务会计报表,包括资产负债表、现金流量表、利润表和财务情况说明书的复印件,并在复印件上加盖会计师事务所或审计机构的单位章。

 2.本表所列数据必须与本表各附件中的数据相一致。

 3.以联合体形式投标的,联合体各成员应分别填写。

表4 投融资能力表(资金筹措方案)

投标人应在此分别提供项目资本金和其余建设资金的筹措方案,包括到位计划、额度、来源、证明材料。

注:1. 投融资能力证明材料可采用本招标文件提供的表4-1至表4-4格式,也可采用其他有效证明文件格式。
2. 以联合体形式投标的,联合体各成员应分别填写并提供证明材料。

表 4-1 投融资能力表（银行授信额度或存款证明）

投标人可在此提供：
1. ____年至____年银行授信额度材料；或者
2. 银行存款证明（按下述格式出具）。

银行存款证明

致：<u>招标人名称</u>

  鉴于_____（投标人单位名称与地址）对_____项目社会资本合作（PPP）招标提出投标，我行兹证明：该企业____年至____年在我行的平均年末存款为人民币（或其他币种）_____亿元。

银行地址：_____	银 行：<u>（全称）</u>（盖单位章）
邮政编码：_____	法定代表人或
电 话：_____	其授权的代理人：<u>（职务）</u><u>（姓名）</u>
传 真：_____	<u>（签字）</u>
	日 期：____年____月____日

注：以联合体形式投标的，联合体各成员应分别填写。

表4-2 投融资能力表(针对本项目的银行贷款意向书)

1. 本表后附已与投标人就参与本PPP项目银行提供的银行贷款意向书,包括但不限于政策性、开发性银行、股份制商业银行等。

注:以联合体形式投标的,联合体各成员应分别填写。

表 4-3 投融资能力表(针对本项目的其他融资方案)

1. 本表后附已与投标人就参与本 PPP 项目的其他融资方案,包括但不限于:产业基金、引入战略投资者、私募基金、项目收益债、公司债券、非金融企业债务融资工具等。

注:以联合体形式投标的,联合体各成员应分别填写。

表4-4　融资能力表(合作金融机构)

1. 本表后附已与投标人就参与本PPP项目的合作金融机构简介及营业执照等资料。 2. 投标人与合作金融机构签署的合作协议、合作备忘录或合作意向性协议。

注：以联合体形式投标的，联合体各成员应分别填写。

表5 目前对外投资项目表

投标人应在此提供目前对外投资项目详细清单,并说明相关项目情况;此外,对上述投资项目中是否存在不良经营状况、重大债权、债务纠纷、重大诉讼或严重违约等情况做出说明。

注:以联合体形式投标的,联合体各成员应分别填写。

表6 商业信誉表

参照投标人须知前附表附录4所规定的内容,详细说明投标人的商业信誉情况。

注:以联合体形式投标的,联合体各成员应分别填写。

表7 投标人具备的大型基础设施建设项目的投融资经验

项目名称				
参与方式	（主持、参与）			
项目规模	项目种类	技术指标		投资额(万元)
融资方式	1.自筹	2.国家补助	3.银行贷款	4.其他
	万元	万元	万元	万元
项目情况说明				
相关附件清单	（列出针对本项目投标人所附的附件清单）			

注：1. 投标人应详细说明曾独立承担或主持（作为联合体牵头人）或参与过的大型基础设施建设项目投融资的实施情况，并附有关证明文件等。
2. 上述项目可以是投标人单独投资完成的项目，也可以是以股东身份参股的投资项目。
3. 本表所述大型项目是指投资额在____亿元人民币以上的项目。
4. 以联合体形式投标的，联合体各成员应分别填写。

表8 投标人曾承担过的类似公路项目
（投融资、建设或运营管理）

投标人应对曾独立承担或主持（作为联合体牵头人）或参与过项目投融资、建设或运营管理的类似公路项目进行详细说明，包括：

1. 项目名称，主管机构名称及联系方式
2. 项目情况简介：公路等级、里程长度、建设工期、工程总投资、主要工程内容等
3. 请说明投标人在该项目中承担哪一部分（合同段）任务，承担何种任务（投融资、建设或运营管理），是独立承担或是主持（作为联合体牵头人）还是与其他单位合作完成。
4. 投标人应随本表提供与各项目主管机构签署的合同协议书及该机构对投标人履行合同的证明文件或其他证明资料复印件。

注：1. 本表"类似公路项目"指与本项目相比同等级或以上等级公路项目，或者同等类型的公路项目。
2. 以联合体形式投标的，联合体各成员应分别填写。

表9 项目公司股权构架图

附图表示项目公司的股权构架。

表10 拟在项目公司任职的主要人员表

拟任职务	姓　名	资格、经验及现任职务简述
总经理		
副总经理		
总工程师		
财务负责人		
……		
……		
……		

注：本表中还应填入拟在项目公司任职的其他主要人员，可包括工程、合约、融资、协调、物资供应等主管人员。

7. 项目实施计划

7.1　投标人应按"投标人须知"第 3.1.4 项的要求,依照本篇所附的内容认真编制项目实施计划。

7.2　由投标人填报的本计划书将作为评标的主要考虑因素。

7.3　投标人如果中标,应按其在本计划书中的承诺安排各阶段工作的实施,本计划书将作为政府对项目进行监督管理的主要依据。

7.4　项目实施计划应包含下列内容,投标人也可根据本项目的实际特点和自身的实际情况作适当补充,以便能更清楚表述有关内容。

1）项目投资方案

（1）资金筹措方案

①投标人的自有资金情况、拟投入项目公司的自有资金（项目资本金）额度、资金来源及保障措施;

②其余建设资金的额度、资金来源及保障措施;

③资金筹措的应急预案,详细说明该预案的可行性。

资金筹措方案应根据项目投资需求和项目实施进度计划制定,资金来源应可靠、详细、合法、充足、及时、可行,并提供有关融资方的承诺函或融资协议等证明文件。

（2）收益、成本测算及财务分析

投标人应根据其项目实施计划和管理方式,结合资金筹措情况,进行特许经营期内各年度项目成本（费用）测算、直接收益和间接收益的测算,对项目进行财务分析（包括计算项目收益率、项目净现值、投资回收期等财务指标）、风险分析和测算,并在此基础上向政府提出对于特许经营期的具体要求。收益、成本测算及财务分析的详细表格均应附在投标文件内。

（3）项目资金到位和使用计划

按建设进度计划,制定出资金到位时间、数额及使用计划表。

（4）投标人认为必要的其他内容。

2）项目公司组建方案

（1）项目公司组建计划

应说明组建项目公司的时间、注册资金、注册地点、公司章程、法定代表人、办公地点、公司规模、公司主要领导成员、项目公司履行的职责等。

（2）项目公司的机构设置

应说明项目公司的各部门的设置及相应的职责范围等。

（3）项目公司的人员安排

应说明拟在项目公司任职的主要人员及其到位的具体时间等。

（4）项目公司增资方案

应说明项目公司各次增资的时间、数额,项目公司股东在各次增资中的出资数额、出资比例、出资时间、出资方式等(必须以现金出资)。

(5)投标人认为必要的其他内容。

3)项目建设方案(适用于BOT、ROT模式的项目)

(1)建设工作内容和时间安排

应说明项目准备阶段、建设阶段的工作内容和重大时间的控制点等。

(2)勘察设计方案、进度计划和保障措施

应明确项目勘察设计方案、详细进度安排,并制定实现该进度目标的保障措施。

(3)工程工期目标、进度计划和保障措施

应明确工程工期目标、详细进度安排,并制定实现该进度目标的保障措施。

(4)工程质量目标和保证措施

(5)工程投资控制目标和保证措施

(6)施工安全目标和保证措施

(7)施工环境保护和水土保持措施

(8)工程施工、勘察设计、监理、设备、试验检测采购方案

(9)建设期保险方案

(10)投标人认为必要的其他内容

4)项目运营方案

(1)运营管理原则

(2)运营管理制度

(3)特许经营期内绩效目标和保障措施

(4)养护质量指标和保障措施

(5)大中修方案

(6)运营期保险方案

(7)投标人认为必要的其他内容

5)项目移交方案

(1)应明确承诺项目移交给政府时的状态及其他优惠条件,以及为保障该目标而采取的措施。

(2)投标人认为必要的内容。

6)在项目实施过程中,除招标文件规定之外,建议招标人提供的优惠政策等(并不意味着招标人必须接受)。

8. 其他资料

(1) 申请人拟自行施工、提供货物、提供勘察设计服务的,应在此提供满足要求的证明材料,包括:_____(资质、业绩证明材料、人员资格证件及资料等)。

(2) 申请人认为必要的其他资料;

(3) 申请人收到的澄清、修改通知(补遗书)及确认函。

第六章 项目基础资料

第六章 项目基础资料

招标人向各投标人提供的文件:
(1)政府对招标人(项目实施机构)的授权文件;
(2)项目实施方案的批复;
(3)项目相关审批文件;
(4)其他法律文本;
(5)可行性研究报告等。

附：招标流程图

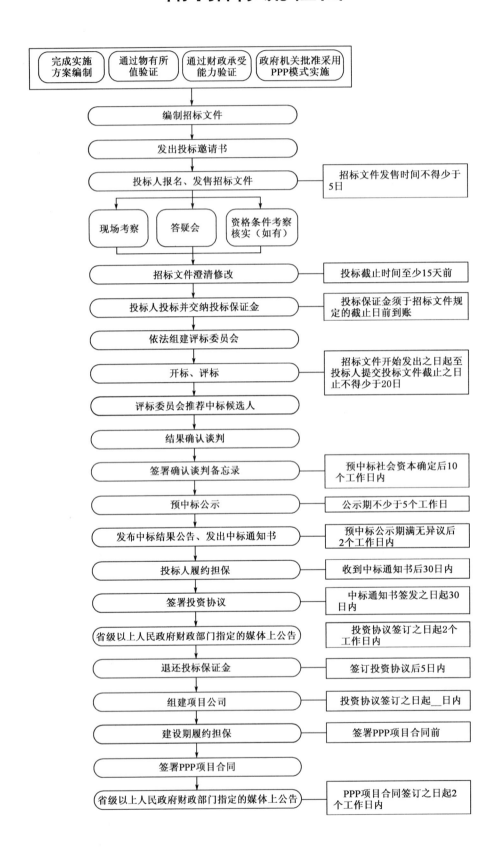

第二卷 公路项目政府和社会资本合作(PPP)招标标准资格预审文件

<u>(项目名称)</u>政府和社会资本合作(PPP)招标

资格预审文件

招标人：_____(盖单位章)

_____ 年 ____ 月 ____ 日

目　　录

第一章　资格预审公告 …………………………………………………………… 169
1. 招标条件 ……………………………………………………………………… 171
2. 项目概况与招标范围 ………………………………………………………… 171
3. 申请人资格要求 ……………………………………………………………… 173
4. 资格预审方法 ………………………………………………………………… 174
5. 资格预审文件的获取 ………………………………………………………… 174
6. 资格预审申请文件的递交 …………………………………………………… 174
7. 发布公告的媒介 ……………………………………………………………… 175
8. 政府采购政策及投标担保、履约担保 ……………………………………… 175
9. 联系方式 ……………………………………………………………………… 175

第二章　申请人须知 ……………………………………………………………… 177
申请人须知前附表 ……………………………………………………………… 179
本章附录 ………………………………………………………………………… 182
附录1　资格审查条件（法人资格）………………………………………… 182
附录2　资格审查条件（财务状况）………………………………………… 183
附录3　资格审查条件（投融资能力）……………………………………… 184
附录4　资格审查条件（商业信誉）………………………………………… 185
附录5　资格审查条件（其他要求）………………………………………… 186
1. 总则 …………………………………………………………………………… 187
2. 资格预审文件 ………………………………………………………………… 188
3. 资格预审申请文件的编制 …………………………………………………… 189
4. 资格预审申请文件的递交 …………………………………………………… 190
5. 资格预审申请文件的评审 …………………………………………………… 191
6. 通知和确认 …………………………………………………………………… 191
7. 申请人的资格改变 …………………………………………………………… 191
8. 纪律与监督 …………………………………………………………………… 191
9. 需要补充的其他内容 ………………………………………………………… 192

第三章　资格评审办法（合格制） ····· 195
　资格评审办法前附表 ····· 195
　　1. 评审方法 ····· 196
　　2. 评审标准 ····· 196
　　3. 评审程序 ····· 196
　　4. 评审结果 ····· 197

第三章　资格评审办法（有限数量制） ····· 198
　资格评审办法前附表 ····· 198
　　1. 评审方法 ····· 200
　　2. 评审标准 ····· 200
　　3. 评审程序 ····· 200
　　4. 评审结果 ····· 201

第四章　资格预审申请文件格式 ····· 203
　　1. 资格预审申请函 ····· 209
　　2. 法定代表人身份证明及授权委托书 ····· 210
　　3. 联合体协议书 ····· 212
　　4. 申请文件附表格式 ····· 213
　　5. 其他资料 ····· 228

第五章　项目基础资料（另册） ····· 229
附：资格预审流程图 ····· 231

第一章 资格预审公告

第一章 资格预审公告

<u>（项目名称）</u>政府和社会资本合作（PPP）招标

资格预审公告（代招标公告）

1. 招标条件

本招标项目_____（项目名称）已完成政府和社会资本合作（Public-Private Partnership，以下均简称：PPP）实施方案编制，通过了财政部门（或政府和社会资本合作中心）的物有所值及财政承受能力验证，并由（政府机关名称）以_____（批准文号）批准采用政府和社会资本合作（PPP）模式实施。招标人是经_____（政府机关名称）授权的项目实施机构_____（政府职能部门或事业单位名称）。项目已具备招标条件，现对该项目的社会资本进行公开招标，特邀请有兴趣的潜在投标人（以下简称：申请人）提出资格预审申请。

本公告所称社会资本是指：按国家法律、法规、规章和规范性文件要求，可以参与政府和社会资本合作（PPP）项目的市场主体。

2. 项目概况与招标范围

2.1 项目概况（项目概况是招标人根据项目前期工作成果提供的项目信息，仅供申请人参考，不应作为申请人投资、决策的依据，申请人应自行调查、评估项目风险，自主决策。）

简述项目建设地点、建设规模、技术标准、建设工期、项目投资估算[①]等。

2.2 招标范围

2.2.1 本次招标范围为_____（项目名称）的社会资本，具体操作模式见本公告2.2.2款。

2.2.2 本项目采用政府和社会资本合作，具体操作模式为建设—运营—移交（Build-Operate-Transfer，简称：BOT）模式。申请人中标后，政府将按法律、法规、政策及合

[①] 项目投资估算最终以政府核准或批准的金额为准。

同规定授予申请人投资、建设、运营本项目的特许权,包括投资建设权、运营期的收费权、公路附属设施经营权等。申请人作为社会资本应按《中华人民共和国公司法》及其他相关法律、法规、政策和合同规定出资组建项目公司,由项目公司对项目的筹划、资金筹措、建设实施、运营管理、债务偿还、资产管理和项目移交等全过程负责,自主经营,自负盈亏,并在PPP项目合同(即特许经营协议,下同)规定的特许经营期满后,按照PPP项目合同的约定将公路(含土地使用权)、公路附属设施及相关资料等按合同规定无偿移交给交通运输主管部门。

2.2.2 本项目采用政府和社会资本合作,具体操作模式为改建—运营—移交(Rehabilitate-Operate-Transfer,简称:ROT)模式。申请人中标后,政府将按法律、法规、政策及合同规定授予申请人投资、改建、运营本项目的特许权,包括投资建设权、运营期的收费权、公路附属设施经营权等。申请人作为社会资本应按《中华人民共和国公司法》及其他相关法律、法规、政策和合同规定出资组建项目公司,由项目公司对项目改建的筹划、资金筹措、建设实施、运营管理、债务偿还、资产管理和项目移交等全过程负责,自主经营,自负盈亏,并在PPP项目合同规定的特许经营期满后,按照PPP项目合同的约定将公路(含土地使用权)、公路附属设施及相关资料等按合同规定无偿移交给交通运输主管部门。

2.2.2 本项目采用政府和社会资本合作,具体操作模式为转让—运营—移交(Transfer-Operate-Transfer,简称:TOT)模式。申请人中标后,政府将按法律、法规、政策及合同规定授予申请人投资、运营本项目的特许权,包括投资权、运营期的收费权、公路附属设施经营权等。申请人作为社会资本应按《中华人民共和国公司法》及其他相关法律、法规、政策和合同规定出资组建项目公司,由项目公司对项目转让的筹划、资金筹措、运营管理、债务偿还、资产管理和项目移交等全过程负责,自主经营,自负盈亏,并在PPP项目合同规定的特许经营期满后,按照PPP项目合同的约定将公路(含土地使用权)、公路附属设施及相关资料等按合同规定无偿移交给交通运输主管部门。

2.2.2 本项目采用政府和社会资本合作,具体操作模式为:_____(采用BOT、ROT、TOT之外的其他模式的,应在此说明)。

2.2.3 政府参股项目公司的,政府将与社会资本共同出资组建项目公司。其中政府出资人代表为:_____(单位名称),出资方式为:_____(实物出资、现金出资等),出资额为:_____元,出资时间为:_____。

2.2.4 政府提供补贴的,补贴金额或补贴金额确定方式为:_____,补贴形式为:_____,补贴时间为:_____。

2.2.5 政府付费的,付费金额或付费金额确定方式为:_____,付费形式为:_____,付费时间为:_____。

2.2.6 按相关法律、法规的规定,本项目社会资本具备相应的资质和能力,依法能够自行建设、生产或者提供本项目的施工、货物或勘察设计服务的,本项目相应的施工、货物或勘察设计服务可由社会资本自行承担,不再招标。上述施工、货物或勘察设计服务的价格将根据 PPP 项目合同约定的原则和方法确定。

3. 申请人资格要求

3.1 本次招标要求申请人具备的资格条件包括：[①]

3.1.1 在中国境内/境外[②]依法注册的企业法人或其他组织,且合法存续,没有处于被吊销营业执照、责令关闭或者被撤销等不良状态；

3.1.2 年度财务报告应当经具有法定资格的中介机构审计,_____年末总资产_____亿元人民币以上(或等值货币,汇率以招标公告发布之日中国银行外汇牌价中卖出价为准,下同),净资产_____亿元人民币以上,资产负债率小于_____%[③]；近_____年均为盈利且经营性现金净流量均为正值,没有处于财产被接管、冻结、破产或其他不良状态、无重大不良资产或不良投资项目；

3.1.3 具有不低于项目投资估算的投融资能力,其中投资能力不低于_____元,融资能力不低于：项目估算－申请人拟投资金额[④]；

3.1.4 商业信誉良好,在经济活动中无重大违法违规行为,近 3 年内财务会计资料无虚假记载、银行和税务信用评价系统或企业信用系统中无不良记录,且未被省级及以上交通运输主管部门取消项目所在地的投标资格或禁止进入该区域公路建设市场且处罚期未满的。

3.1.5 对拟自行承担本项目的施工、货物提供或勘察设计服务的社会资本的资质和能力要求为：_____(资质、业绩、人员等)。

3.1.6 联合体投标的,联合体牵头人及成员应满足的资格条件：_____。

3.2 联合体投标的规定

3.2.1 本次招标_____(接受或不接受)联合体投标。联合体所有成员

[①] 招标人应根据招标项目的规模和项目投资估算合理设定申请人需具备的资格条件,一般不应低于交通运输部《经营性公路建设项目投资人招标投标管理规定》第十九条规定的基本条件。对于涉及使用财政资金的项目,招标人应邀请社会资本和与其合作的金融机构共同参与投标,并在投标文件中附其合作金融机构相关资料。
[②] 接受境外企业参加投标的,可根据招标项目具体特点设置相应资格条件。
[③] 资产负债率一般应不大于 85%。
[④] 政府不提供投资补助作为项目资本金的项目,申请人的投资能力应不小于国家关于项目资本金的规定；政府提供投资补助作为项目资本金的项目,申请人的投资能力应不小于差额部分资本金的额度。

数量不得超过_____家[①]。

  3.2.2 联合体各方不得再以自己名义单独或参加其他联合体在本次招标中投标，否则，相关投标均视为无效投标。

  3.2.3 联合体投融资能力按照联合体协议约定的出资比例加权总和确定。

  3.2.4 联合体各方均应符合本资格预审公告第3.1.6款规定的联合体投标的资格条件要求。

  3.2.5 联合体牵头人应当作为项目公司投资控股方。

3.3 单位负责人为同一人或者存在控股、管理关系的不同单位，不得同时参加本项目的资格预审申请。否则，相关申请均不予通过评审。

3.4 招标人将视具体情况，按照规定组织对符合条件的社会资本的资格条件进行考察核实，申请人应予以配合。

4. 资格预审方法

  本次资格预审采用的评审办法为：合格制/有限数量制。

5. 资格预审文件的获取

5.1 请申请人于_____年____月____日至_____年____月____日（法定公休日、法定节假日除外）[②]每日上午____时至____时，下午____时至____时（北京时间，下同），在_____（详细地址）持企业法人或其他组织营业执照副本原件、单位介绍信、经办人身份证及上述资料复印件[③]一套购买资格预审文件。联合体参加投标的，应由联合体牵头人报名参加本项目资格预审。

5.2 资格预审文件每套售价_____元[④]，参考资料每套售价_____元，售后不退。[⑤]

6. 资格预审申请文件的递交

6.1 递交资格预审申请文件截止时间（申请截止时间，下同）为_____年____月

[①] 考虑到联合体内部协调等因素，招标人可根据项目建设内容及其他实际情况规定联合体所有成员的最多数量。
[②] 资格预审文件的发售时间不得少于5个工作日。
[③] 资格预审文件中所有复印件均指彩色扫描件或彩色复印件。
[④] 资格预审文件中提到的货币单位除有特别说明外，均指人民币元。
[⑤] 资格预审文件、参考资料应只计工本费，售价一般不应超过1000元人民币。

_____日_____时_____分①,申请人应于当日_____时_____分至_____时_____分将资格预审申请文件递交至_____。

6.2 逾期送达或者未送达指定地点或者未按要求密封的资格预审申请文件,招标人不予受理。

7. 发布公告的媒介

本次资格预审公告同时在_____(发布公告的媒介名称)上发布②。

8. 政府采购政策及投标担保、履约担保

8.1 本项目对本国社会资本的优惠措施及幅度为:_____。

8.2 境外社会资本在项目建设、运营过程中应执行我国相关采购政策,采购本国货物和服务。

8.3 参加本次资格预审申请无需提交投标担保,但参加本项目投标需按要求提交投标担保(不超过项目估算金额的2%)和履约担保(不超过项目初始投资总额或者资产评估值的10%)。

9. 联系方式

招 标 人:_____　　　招标代理机构:_____
地　　址:_____　　　地　　　址:_____
邮政编码:_____　　　邮 政 编 码:_____
联 系 人:_____　　　联 系 　人:_____
电　　话:_____　　　电　　　话:_____
传　　真:_____　　　传　　　真:_____
电子邮箱:_____　　　电 子 邮 箱:_____

_____年_____月_____日

---

①资格预审文件自开始发售之日起至申请人递交资格预审申请文件截止时间止,不得少于15个工作日。
②资格预审公告应在省级以上财政部门指定的媒体上发布,公告的期限不得少于7个工作日。

第二章 申请人须知

第二章　申请人须知

申请人须知前附表

条款号	条款名称	编列内容
1.1.2	招标人	名称： 地址： 联系人： 电话： 传真： 电子邮箱：
1.1.3	招标代理机构	名称： 地址： 联系人： 电话： 传真： 电子邮箱：
1.1.4	项目名称	
1.1.5	项目地点	
1.3.1	招标范围	
1.3.2	绩效目标要求	工期目标：____个月（**适用于BOT、ROT等模式**） 工程交工验收的质量目标：____（**适用于BOT、ROT等模式**）； 竣工验收的质量目标：____（**适用于BOT、ROT等模式**）； 运营养护目标：____； 服务质量目标：____； 其他绩效目标：____。
1.4.1	申请人资质条件、能力和信誉	法人资格：见附录1 财务状况：见附录2 投融资能力：见附录3 商业信誉：见附录4 其他要求：见附录5
1.4.2	是否接受联合体资格预审申请	□不接受 □接受 但联合体所有成员数量不得超过_____家； 还应满足下列要求：_____。

注：1. "申请人须知前附表"用于进一步明确正文中的未尽事宜，由招标人根据招标项目具体特点和实际需要编制和填写，但务必做到与资格预审文件中其他章节的衔接，与本章正文内容不一致的，以前附表填写的内容为准。

2. "申请人须知前附表"中的附录表格同属"申请人须知前附表"内容，具有同等效力。

续上表

条款号	条款名称	编列内容
2.2.1	申请人要求澄清资格预审文件的截止时间	递交资格预审申请文件截止之日_____工作日前
2.2.2	招标人澄清资格预审文件的截止时间	递交资格预审申请文件截止之日_____工作日前
2.2.3	申请人确认收到资格预审文件澄清的时间	收到澄清后_____小时内(以发出时间为准)
2.3.1	招标人修改资格预审文件的截止时间	递交资格预审申请文件截止之日_____工作日前
2.3.2	申请人确认收到资格预审文件修改的时间	收到修改后_____小时内(以发出时间为准)
3.1.1	申请人需补充的其他材料	
3.1.3	申请人需密封提供审核的证件及证明材料原件	
3.2.4	近年财务状况的年份要求	_____年—_____年
3.2.5	近年完成的类似项目的年份要求	_____年—_____年
3.2.7	近年发生的诉讼及仲裁情况的年份要求	_____年—_____年
3.3.1	签字或盖章要求	
3.3.2	资格预审申请文件副本份数	_____份,另加1份电子文件(U盘,如需要)
3.3.3	资格预审申请文件的装订要求	
4.1.2	封套上写明	招标人地址:_____ 招标人全称:_____ _____(项目名称)政府和社会资本合作(PPP)招标资格预审申请文件 在_____年___月___日___时___分前不得开启 申请人的地址:_____ 申请人全称:_____

续上表

条款号	条款名称	编 列 内 容
4.2.1	申请截止时间	_____年____月____日____时____分
4.2.2	递交资格预审申请文件的地点	
4.2.3	是否退还资格预审申请文件	□否 □是
5.1.2	评审小组人数①	评审小组构成:共_____人;其中招标人代表_____人,专家_____人;专家确定方式:由招标人自行选定。
5.2	资格评审方法	□合格制 □有限数量制,最多通过资格评审的数量为:_____。
6.1	资格预审结果的通知时间	
6.3	资格预审结果的确认时间	收到投标邀请书后_____小时内(以发出时间为准)予以确认
8.4	监督部门	监督部门:_____ 地　　址:_____ 电　　话:_____ 传　　真:_____ 邮政编码:_____ 电子邮箱:_____

需要补充的其他内容

---

① 评审小组应由招标人代表和有关方面的专家组成,人数为7人以上单数,其中评审专家人数应不少于成员总数的2/3,人数为5人以上单数,评审专家中至少应包含1名财务专家和1名法律专家;项目实施机构代表不得以评审专家身份参加项目的评审。

本章附录

附录1 资格审查条件(法人资格)

资 格 条 件
在中国境内/境外依法注册的企业法人或其他组织,且合法存续,没有处于被吊销营业执照、责令关闭或者被撤销等不良状态。

注:联合体投标的,可按联合体成员分别要求。

附录2 资格审查条件(财务状况)

资 格 条 件
年度财务报告应当经具有法定资格的中介机构审计，_____年末总资产_____亿元人民币以上(或等值货币,汇率以资格预审公告发布之日中国银行外汇牌价中卖出价为准,下同),净资产_____亿元人民币以上,资产负债率小于_____%①;近_____年均为盈利且经营性现金净流量均为正值,没有处于财产被接管、冻结、破产或其他不良状态、无重大不良资产或不良投资项目

注:联合体投标的,可按联合体成员分别要求。

---

① 资产负债率一般应不大于85%。

附录3 资格审查条件(投融资能力)

资 格 条 件
具有不低于项目投资估算的投融资能力,其中投资能力不低于__元,融资能力不低于:项目估算—申请人拟投资金额。

注:联合体投标的,可按联合体成员分别要求。

附录4 资格审查条件(商业信誉)

资 格 条 件
商业信誉良好,在经济活动中无重大违法违规行为,近3年内财务会计资料无虚假记载、银行和税务信用评价系统或企业信用系统中无不良记录,近3年内无骗取中标或严重违约或重大工程质量问题或重大安全生产责任事故,未被省级及以上交通运输主管部门取消项目所在地的投标资格或禁止进入该区域公路建设市场且处罚期未满的。

注:联合体投标的,可按联合体成员分别要求。

附录5 资格审查条件(其他要求)

资 格 条 件
1. 经人民检察院查询,申请人及其法定代表人自本项目资格预审公告发出之日起前2年内均无行贿犯罪记录; 2. 对拟自行承担本项目的施工、货物提供或勘察设计服务的社会资本的资质和能力要求为:_____(资质、业绩、人员等); 3. ……①

---

①其他要求由招标人在满足国家相关法律法规前提下,根据招标项目具体特点和实际情况确定。

第二章 申请人须知

1. 总则

1.1 项目概况

1.1.1 根据《中华人民共和国政府采购法》等有关法律、法规和规章的规定,本政府和社会资本合作(PPP)招标已具备招标条件,现进行公开招标,特邀请有兴趣的申请人提出资格预审申请。

1.1.2 本招标项目招标人:见申请人须知前附表。
1.1.3 本项目招标代理机构:见申请人须知前附表。
1.1.4 本招标项目名称:见申请人须知前附表。
1.1.5 本项目项目地点:见申请人须知前附表。

1.2 资金来源和落实情况

1.2.1 本招标项目的资金来源:见申请人须知前附表。

1.3 招标范围和绩效目标等要求

1.3.1 本次招标范围:见申请人须知前附表。
1.3.2 本项目的绩效目标要求:见申请人须知前附表。

1.4 申请人资格要求

1.4.1 申请人应具备承担本项目资格条件、能力和信誉。
(1)法人资格:见申请人须知前附表;
(2)财务状况:见申请人须知前附表;
(3)投融资能力:见申请人须知前附表;
(4)商业信誉:见申请人须知前附表;
(5)其他要求:见申请人须知前附表。

1.4.2 申请人须知前附表规定接受联合体申请资格预审的,联合体申请人除应符合本章第1.4.1项和申请人须知前附表的要求外,还应遵守以下规定:

(1)联合体各方必须按资格预审文件提供的格式签订联合体协议书,明确联合体牵头人和各方的权利义务;
(2)由同一专业的单位组成的联合体,按照资质等级较低的单位确定资质等级;
(3)通过资格预审的联合体,其各方组成结构或职责,以及财务能力、信誉情况等资格条件不得改变;
(4)联合体各方不得再以自己名义单独或加入其他联合体在同一项目中参加资格预审;
(5)联合体所有成员数量不得超过申请人须知前附表规定的数量;
(6)联合体各方应分别按照本资格预审文件的要求,填写资格预审申请文件中的相应表格,并由联合体牵头人负责对联合体各成员的资料进行统一汇总后一并提交给招标

人;联合体牵头人所提交的资格预审申请文件应认为已代表了联合体各成员的真实情况;

(7)尽管委任了联合体牵头人,但联合体各成员在资格预审、投标、签约与履行合同过程中,仍负有连带的和各自的法律责任。

1.4.3 申请人不得存在下列情形之一:

(1)为本项目提供招标代理服务的;

(2)与本项目的招标代理机构同为一个法定代表人的。

1.5 语言文字

除专用术语外,来往文件均使用中文。必要时专用术语应附有中文注释。

1.6 费用承担

申请人准备和参加资格预审发生的费用自理。

2. 资格预审文件

2.1 资格预审文件的组成

2.1.1 本次资格预审文件包括资格预审公告、申请人须知、资格评审办法、资格预审申请文件格式、项目基础资料,以及根据本章第2.2款对资格预审文件的澄清和第2.3款对资格预审文件的修改。

2.1.2 当资格预审文件、资格预审文件的澄清或修改等在同一内容的表述上不一致时,以最后发出的书面文件为准。

2.2 资格预审文件的澄清

2.2.1 申请人应仔细阅读和检查资格预审文件的全部内容。如有疑问,应在申请人须知前附表规定的时间前以书面形式(包括信函、电报、传真等可以有形表现所载内容的形式,下同),要求招标人对资格预审文件进行澄清。

2.2.2 招标人应在申请人须知前附表规定的时间前,以书面形式将澄清内容发给所有购买资格预审文件的申请人,但不指明澄清问题的来源。

2.2.3 申请人收到澄清后,应在申请人须知前附表规定的时间内以书面形式通知招标人,确认已收到该澄清。

2.3 资格预审文件的修改

2.3.1 在申请人须知前附表规定的时间前,招标人可以书面形式通知申请人修改资格预审文件。在申请人须知前附表规定的时间后修改资格预审文件的,招标人应相应顺延申请截止时间。

2.3.2 申请人收到修改的内容后,应在申请人须知前附表规定的时间内以书面形式通知招标人,确认已收到该修改。

3. 资格预审申请文件的编制

3.1 资格预审申请文件的组成

3.1.1 资格预审申请文件应包括下列内容：
(1)资格预审申请函；
(2)法定代表人身份证明或附有法定代表人身份证明的授权委托书；
(3)联合体协议书；
(4)申请文件附表格式；
(5)其他材料。

3.1.2 申请人须知前附表规定不接受联合体资格预审申请的或申请人没有组成联合体的,资格预审申请文件不包括本章第3.1.1(3)目所指的联合体协议书。

3.1.3 申请人按在申请人须知前附表规定单独密封提供的证件及证明材料的原件。

3.2 资格预审申请文件的编制要求

3.2.1 资格预审申请文件应按第四章"资格预审申请文件格式"进行编写,如有必要,可以增加附页,并作为资格预审申请文件的组成部分。申请人须知前附表规定接受联合体资格预审申请的,申请文件规定的应提供联合体各方表格和资料的,申请人应包括联合体各方相关情况。

3.2.2 法定代表人授权委托书必须由法定代表人签署。

(1)如果资格预审申请文件由委托代理人签署,则申请人需提交附有法定代表人身份证明的授权委托书,授权委托书应按规定的书面方式出具,并由法定代表人和委托代理人亲笔签名,不得使用印章、签名章或其他电子制版签名。经公证机关对授权委托书中申请人法定代表人的签名、委托代理人的签名、申请人的单位章的真实性做出有效公证后,原件应装订在资格预审申请文件的正本之中。申请人无须再对法定代表人身份证明进行公证。公证书出具的日期应与授权委托书出具的日期同日或在其之后。

(2)如果由申请人的法定代表人亲自签署资格预审申请文件,则不需提交授权委托书,但应经公证机关对法定代表人身份证明中法定代表人的签名、申请人的单位章的真实性做出有效公证后,将原件装订在资格预审申请文件的正本之中。公证书出具的日期应与法定代表人身份证明出具的日期同日或在其之后。

(3)以联合体形式申请资格预审的,法定代表人授权委托书(如有)须由联合体牵头人按上述(1)目的规定出具并公证。

3.2.3 "申请人基本情况表"后应附企业法人或其他组织营业执照副本(全本)的复印件(并加盖单位章)、基本账户开户许可证的复印件(并加盖单位章)。

3.2.4 "近年财务状况表"应附经会计师事务所或审计机构审计的财务会计报表,包括资产负债表、现金流量表、利润表和财务情况说明书的复印件,具体年份要求见申请人须知前附表。

3.3 资格预审申请文件的装订、签字

3.3.1 申请人应按本章第3.1款和第3.2款的要求,编制完整的资格预审申请文件,用不褪色的材料书写或打印,并由申请人的法定代表人或其委托代理人逐页亲笔签署姓名(封面、扉页、目录和本页正文内容已由申请人的法定代表人或其委托代理人签署姓名的可不签署),不得使用印章、签名章或其他电子制版签名。以联合体形式申请资格预审的,资格预审申请文件由联合体牵头人的法定代表人或其委托代理人按上述规定签署。资格预审申请文件中的任何改动之处应加盖单位章或由申请人的法定代表人或其委托代理人签字确认。签字或盖章的其他要求见申请人须知前附表。

3.3.2 资格预审申请文件正本一份,副本份数见申请人须知前附表。正本和副本的封面上应清楚地标记"正本"或"副本"字样。当正本和副本不一致时,以正本为准。

3.3.3 资格预审申请文件正本与副本应分别装订成册(A4纸幅),并编制目录且逐页标注连续页码。资格预审申请文件不得采用活页夹装订,否则,招标人对由于资格预审申请文件装订松散而造成的丢失或其他后果不承担任何责任。装订的其他要求见申请人须知前附表。

4. 资格预审申请文件的递交

4.1 资格预审申请文件的密封和标识

4.1.1 资格预审申请文件的正本与副本应分开包装,加贴封条,并在封套的封口处加盖申请人单位章。资格预审文件要求的证件及证明材料的原件应单独密封,加贴封条,并在封套的封口处加盖申请人单位章,与申请文件一并递交。

4.1.2 在资格预审申请文件的封套上应清楚地标记"正本"或"副本"字样,封套还应写明的其他内容见申请人须知前附表。

4.1.3 未按本章第4.1.1项或第4.1.2项要求密封和加写标记的资格预审申请文件,招标人不予受理。

4.2 资格预审申请文件的递交

4.2.1 申请截止时间:见申请人须知前附表。
4.2.2 申请人递交资格预审申请文件的地点:见申请人须知前附表。
4.2.3 除申请人须知前附表另有规定的外,申请人所递交的资格预审申请文件不予退还。
4.2.4 逾期送达或者未送达指定地点或未按要求密封的资格预审申请文件,招标人不予受理。

第二章 申请人须知

5. 资格预审申请文件的评审

5.1 评审小组

5.1.1 资格预审申请文件由招标人组建的评审小组负责评审。评审小组参照《中华人民共和国政府采购法法》及相关法规、政策的规定组建。

5.1.2 评审小组人数:见申请人须知前附表。

5.2 资格评审

评审小组根据申请人须知前附表规定的方法和第三章"资格评审办法"中规定的评审标准,对所有已受理的资格预审申请文件进行评审。没有规定的方法和标准不得作为评审依据。

6. 通知和确认

6.1 通知

招标人在申请人须知前附表规定的时间内以书面形式将资格预审结果通知申请人,并向通过资格预审的申请人发出投标邀请书。

6.2 解释

应申请人书面要求,招标人应对资格预审结果作出解释,但不保证申请人对解释内容满意。

6.3 确认

通过资格预审的申请人收到投标邀请书后,应在申请人须知前附表规定的时间内以书面形式明确表示是否参加投标。在申请人须知前附表规定时间内未表示是否参加投标或明确表示不参加投标的,不得再参加投标。因此造成潜在投标人数量不足 3 个的,招标人将重新组织资格预审。

7. 申请人的资格改变

通过资格预审的申请人组织机构、财务能力、信誉情况等资格条件发生变化,使其不再实质上满足第三章"资格评审办法"规定标准的,其投标不被接受。

8. 纪律与监督

8.1 严禁贿赂

严禁申请人向招标人、评审小组成员和与评审活动有关的其他工作人员行贿。在资格预审期间,不得邀请招标人、评审小组成员以及与评审活动有关的其他工作人员到申请人单位参观考察,或出席申请人主办、赞助的任何活动,招标人按规定组织的对符合条件的社会资本的资格条件进行考察核实活动除外。

8.2 不得干扰资格评审工作

申请人不得以任何方式干扰、影响资格预审的评审工作,否则将导致其不能通过资格预审。

8.3 保密

招标人、评审小组成员,以及与评审活动有关的其他工作人员应对资格预审申请文件的评审、比较进行保密,不得在资格预审结果公布前透露资格预审结果,不得向他人透露可能影响公平竞争的有关情况。

8.4 投诉

申请人和其他利害关系人认为本次资格预审活动违反法律、法规和规章规定的,有权向有关行政监督部门投诉。

监督部门的联系方式见申请人须知前附表。

9. 需要补充的其他内容

9.1 申请规定

9.1.1 申请人提交的资格预审申请文件将作为合同文件的组成部分。

9.1.2 自购买资格预审文件之日起,申请人应保证其提供的联系方式(电话、传真、电子邮件)一直有效,以保证往来函件(资格预审文件的澄清、修改等)能及时通知申请人,并能及时反馈信息,否则招标人不承担由此引起的一切后果。

9.2 资格预审申请文件的修改

资格预审申请文件按要求送达后,在规定的递交截止时间前,申请人可以撤回申请文件或修改申请文件。如需修改申请文件,应当以正式函件提出并做出说明。

修改资格预审申请文件的正式函件是资格预审申请文件的组成部分,其形式要求、密封方式、送达时间,应符合资格预审文件的要求。

9.3 招标人的权力

招标人有对资格预审申请文件进行核实和澄清的权力,若招标人在资格评审时或必要的调查过程中发现申请人有弄虚作假行为,将取消其资格预审资格,并将其弄虚作假行为上报省级交通主管部门,作为不良记录纳入公路建设市场及相关信用信息管理系统。

需要补充的其他内容:见申请人须知前附表。

第三章　资格评审办法

第三章 资格评审办法(合格制)[1]

资格评审办法前附表[2]

条款号	评审因素与标准	
2.1	初步评审标准	(1)申请人名称与营业执照一致; (2)资格预审申请函有法定代表人或其委托代理人签字并加盖单位章; (3)资格预审申请文件按照资格预审文件规定的格式、内容填写,字迹清晰可辨; (4)申请人的法定代表人身份证明或授权委托书以及所附公证书符合第二章"申请人须知"第3.2.2项规定; (5)资格预审申请文件逐页签署情况符合第二章"申请人须知"第3.3.1项规定; (6)资格预审申请文件正、副本份数符合第二章"申请人须知"第3.3.2项规定; (7)资格预审申请人如果以联合体形式申请,应符合第一章资格预审公告第3.2款的规定和第二章"申请人须知"第1.4.2项规定; (8)资格预审申请文件没有对招标人的权利提出削弱性或限制性要求,没有对申请人的责任和义务提出实质性修改; (9)申请人应提供评审小组核查的证件及证明材料原件符合要求; ……
2.2	详细评审标准	(1)申请人具备有效的营业执照、基本账户开户许可证; (2)申请人的法人资格符合第二章"申请人须知"第1.4.1项规定; (3)申请人的财务状况符合第二章"申请人须知"第1.4.1项规定; (4)申请人的投融资能力符合第二章"申请人须知"第1.4.1项规定; (5)申请人的商业信誉第二章"申请人须知"第1.4.1项规定; (6)申请人的其他要求符合第二章"申请人须知"第1.4.1项规定; (7)申请人是联合体投标的,其联合体成员资格条件符合资格预审文件的规定; (8)申请人不存在第二章"申请人须知"第1.4.3项规定的任何一种情形; (9)经招标人现场考察核实(如有),申请人符合资格预审文件要求的资格条件 ……

---

[1]"合格制"即符合资格评审办法评审标准的均予以通过资格评审的评审办法。
[2]"资格评审办法前附表"用于明确资格评审的方法、因素、标准和程序。招标人应根据招标项目具体特点和实际需要,详细列明全部评审因素、标准,没有列明的因素和标准不得作为资格评审的依据。

1. 评审方法

本次资格预审采用合格制。凡符合本章第 2.1 款和第 2.2 款规定评审标准的申请人均通过资格预审。

2. 评审标准

2.1 初步评审标准

初步评审标准：见资格评审办法前附表。

2.2 详细评审标准

详细评审标准：见资格评审办法前附表。

3. 评审程序

3.1 初步评审

3.1.1 评审小组依据本章第 2.1 款规定的标准，对资格预审申请文件进行初步评审。有一项因素不符合评审标准的，不能通过资格预审。

3.1.2 评审小组可以要求申请人提交第二章"申请人须知"第 2.1 款规定的有关证件和资料的原件，以便核验。

3.2 详细评审

3.2.1 评审小组依据本章第 2.2 款规定的标准，对通过初步评审的资格预审申请文件进行详细评审。有一项因素不符合评审标准的，不能通过资格预审。

3.2.2 通过资格预审的申请人除应满足本章第 2.1 款、第 2.2 款规定的评审标准外，还不得存在下列任何一种情形：

(1) 不按评审小组要求澄清或说明的；
(2) 有第二章"申请人须知"第 1.4.3 项规定的任何一种情形的；
(3) 在资格预审过程中弄虚作假、行贿或有其他违法违规行为的。

3.3 资格预审申请文件的澄清

在评审过程中，评审小组可以书面形式，要求申请人对所提交的资格预审申请文件中不明确的内容进行必要的澄清或说明。申请人的澄清或说明应采用书面形式，并不得改变资格预审申请文件的实质性内容。申请人的澄清和说明内容属于资格预审申请文件的组成部分。招标人和评审小组不接受申请人主动提出的澄清或说明。

4. 评审结果

4.1 提交评审报告

评审小组按照本章第 3 条规定的程序对资格预审申请文件完成评审后,确定通过资格预审的申请人名单,并向招标人提交书面评审报告。

评审小组成员应当在资格预审报告上签字,对自己的评审意见承担法律责任。对资格预审报告有异议的,应当在报告上签署不同意见,并说明理由,否则视为同意资格预审报告。

评审小组发现资格预审文件内容违反国家有关强制性规定的,应当停止评审并向项目实施机构说明情况。

4.2 重新进行资格预审或变更采购方式

通过资格预审申请人的数量不足 3 个的,招标人将在调整资格预审公告内容后重新组织资格预审;项目经重新资格预审后合格社会资本仍不够 3 家的,可以依法变更采购方式。

中标候选人的经营、财务状况发生较大变化或者存在违法行为,招标人认为可能影响其履约能力的,将在发出中标通知书前将提请行政监督部门请评标委员会按照资格预审文件规定的标准和方法审查确认。

第三章 资格评审办法(有限数量制)[1]

资格评审办法前附表[2]

条款号		条款名称	编列内容
1		通过资格预审的人数	通过初步评审和详细评审的申请人,按综合得分由高到低的顺序排序,选择前____名通过资格预审
2			评审因素与标准
2.1		初步评审标准	(1)申请人名称与营业执照一致; (2)资格预审申请函有法定代表人或其委托代理人签字并加盖单位章; (3)资格预审申请文件按照资格预审文件规定的格式、内容填写,字迹清晰可辨; (4)申请人的法定代表人身份证明或授权委托书以及所附公证书符合第二章"申请人须知"第3.2.2项规定; (5)资格预审申请文件签署情况符合第二章"申请人须知"第3.3.1项规定; (6)资格预审申请文件正、副本份数符合第二章"申请人须知"第3.3.2项规定; (7)资格预审申请人如果以联合体形式申请,应符合第一章资格预审公告第3.2款的规定和第二章"申请人须知"第1.4.2项规定; (8)资格预审申请文件没有对招标人的权利提出削弱性或限制性要求,没有对申请人的责任和义务提出实质性修改; (9)申请人应提供评审小组核查的证件及证明材料原件符合要求; ……
2.2		详细评审标准	(1)申请人具备有效的营业执照、基本账户开户许可证; (2)申请人的法人资格符合第二章"申请人须知"第1.4.1项规定; (3)申请人的财务状况符合第二章"申请人须知"第1.4.1项规定; (4)申请人的投融资能力符合第二章"申请人须知"第1.4.1项规定; (5)申请人的商业信誉第二章"申请人须知"第1.4.1项规定; (6)申请人的其他要求符合第二章"申请人须知"第1.4.1项规定; (7)申请人是联合体投标的,其联合体成员资格条件符合资格预审文件的规定; (8)申请人不存在第二章"申请人须知"第1.4.3项规定的任何一种情形; (9)经招标人现场考察核实(如有),申请人符合资格预审文件要求的资格条件; ……

---

[1]不适用于在招标阶段接受未参加资格预审的投标人参加投标的项目。
[2]"资格评审办法前附表"用于明确资格评审的方法、因素、标准和程序。招标人应根据招标项目具体特点和实际需要,详细列明全部评审因素、标准,没有列明的因素和标准不得作为资格评审的依据。

续上表

条款号	条款名称	编列内容				
2.3	评分标准	评分因素与权重分值①				评分标准②
		评分因素	评分因素权重分值	各评分因素细分项	分值	
		管理经验及业绩	20~35			
		专业能力	15~30			
		投融资能力	25~40			
		履约信誉	10~25			

---

①招标人应根据项目具体情况确定各评分因素及评分因素权重分值,并对各评分因素进行细分(如有)、确定各评分因素细分项的分值,各评分因素权重分值合计应为100分。各评分因素得分均不应低于其权重分值的60%,且各评分因素得分应以评审小组各成员的打分平均值确定,该平均值以去掉一个最高和一个最低分后计算。

②招标人应列明各评分因素或各评分因素细分项(如有)的评分标准并作为评审小组进行评分的依据。

1. 评审方法

本次资格预审采用有限数量制。评审小组依据本章规定的评审标准和程序,对通过初步评审和详细评审的资格预审申请文件进行量化打分,按得分由高到低的顺序确定通过资格预审的申请人。通过资格预审的申请人不超过资格评审办法前附表规定的数量。

2. 评审标准

2.1 初步评审标准

初步评审标准:见资格评审办法前附表。

2.2 详细评审标准

详细评审标准:见资格评审办法前附表。

2.3 评分标准

评分标准:见资格评审办法前附表。

3. 评审程序

3.1 初步评审

3.1.1 评审小组依据本章第2.1款规定的标准,对资格预审申请文件进行初步评审。有一项因素不符合评审标准的,不能通过资格预审。

3.1.2 评审小组可以要求申请人提交第二章"申请人须知"第3.2.3项至第3.2.7项规定的有关证明和证件的原件,以便核验。

3.2 详细评审

3.2.1 评审小组依据本章第2.2款规定的标准,对通过初步评审的资格预审申请文件进行详细评审。有一项因素不符合评审标准的,不能通过资格预审。

3.2.2 通过详细评审的申请人,除应满足本章第2.1款、第2.2款规定的评审标准外,还不得存在下列任何一种情形:

(1)不按评审小组要求澄清或说明的;

(2)有第二章"申请人须知"第1.4.3项规定的任何一种情形的;

(3)在资格预审过程中弄虚作假、行贿或有其他违法违规行为的。

3.3 资格预审申请文件的澄清

在评审过程中,评审小组可以书面形式,要求申请人对所提交的资格预审申请文件中不明确的内容进行必要的澄清或说明。申请人的澄清或说明采用书面形式,并不得改变资格预审申请文件的实质性内容。申请人的澄清和说明内容属于资格预审申请文件的组成部分。招标人和评审小组不接受申请人主动提出的澄清或说明。

3.4 评分

3.4.1 通过详细评审的申请人不少于3个且没有超过本章第1条规定数量的,均通过资格预审,不再进行评分。

3.4.2 通过详细评审的申请人数量超过本章第1条规定数量的,评审小组依据本章第2.3款评分标准进行评分,按得分由高到低的顺序进行排序。

4. 评审结果

4.1 提交评审报告

评审小组按照本章第3条规定的程序对资格预审申请文件完成评审后,确定通过资格预审的申请人名单,并向招标人提交书面评审报告。

评审小组成员应当在资格预审报告上签字,对自己的评审意见承担法律责任。对资格预审报告有异议的,应当在报告上签署不同意见,并说明理由,否则视为同意资格预审报告。

评审小组发现资格预审文件内容违反国家有关强制性规定的,应当停止评审并向招标人说明情况。

4.2 重新进行资格预审或变更采购方式

通过资格预审申请人的数量不足3个的,招标人将在调整资格预审公告内容后重新组织资格预审;项目经重新资格预审后合格社会资本仍不够3家的,可以依法变更采购方式。

中标候选人的经营、财务状况发生较大变化或者存在违法行为,招标人认为可能影响其履约能力的,将在发出中标通知书前将提请行政监督部门请评标委员会按照资格预审规定的标准和方法审查确认。

第四章　资格预审申请文件格式

<u>（项目名称）</u>政府和社会资本合作（PPP）

资格预审申请文件

申请人：_____（盖单位章）

_____ 年 ____ 月 ____ 日

目 录

1. 资格预审申请函
2. 法定代表人身份证明及授权委托书
   2.1 法定代表人身份证明
   2.2 授权委托书
3. 联合体协议书
4. 申请文件附表格式
   表1 申请人基本情况表
   表2 组织机构框图
   表3 财务状况表
   表4 投融资能力表(资金筹措方案)
   表5 目前对外投资项目表
   表6 商业信誉表
   表7 申请人具备的大型基础设施建设项目的投融资经验表
   表8 申请人曾承担过的类似公路项目表(投融资、建设或运营管理)
   表9 项目公司股权构架图
   表10 拟在项目公司任职的主要人员表
5. 其他资料

1. 资格预审申请函

_____（招标人名称）：

（1）按照资格预审文件的要求，我方（申请人）递交的资格预审申请文件及有关资料，用于你方（招标人）评审我方参加_____（项目名称）政府和社会资本合作（PPP）招标的投标资格。

（2）我方的资格预审申请文件包含第二章"申请人须知"第3.1.1项规定的全部内容。

（3）我方接受你方的授权代表进行调查，以审核我方提交的文件和资料，并通过我方的客户，澄清资格预审申请文件中有关财务和技术方面的情况。

（4）你方授权代表可通过_____（联系人及联系方式）得到进一步的资料。

（5）我方在此声明，所递交的资格预审申请文件及有关资料内容完整、真实和准确，且不存在第二章"申请人须知"第1.4.3项规定的任何一种情形。

（6）我方在此承诺，资格预审申请文件作为合同文件的组成部分，对我方具有约束力。

申　请　人：_____（盖单位章）
法定代表人或其委托代理人：_____（签字）
电　　　话：_____
传　　　真：_____
申请人地址：_____
邮政编码：_____

_____年_____月_____日

2. 法定代表人身份证明及授权委托书

2.1 法定代表人身份证明

申请人名称：_____

单 位 性 质：_____

地　　　址：_____

成 立 时 间：_____年_____月_____日

经 营 期 限：_____

姓　　　名：(法定代表人签字)　性别：_____　年龄：_____　职务：_____

系_____（申请人名称）的法定代表人。

特此证明。

申请人：_____（盖单位章）

_____年_____月_____日

注：法定代表人的签字必须是亲笔签名，不得使用印章、签名章等代替。

2.2 授权委托书①

本人_____（姓名）系_____（申请人名称）的法定代表人，现委托_____（姓名）为我方代理人。代理人根据授权，以我方名义签署、澄清、递交、撤回、修改云南省_____（项目名称）政府和社会资本合作（PPP）招标资格预审申请文件，其法律后果由我方承担。

委托期限：_____。

代理人无转委托权。

附：法定代表人身份证明

申　请　人：_____（盖单位章）
法定代表人：_____（签字）
身份证号码：_____
委托代理人：_____（签字）
身份证号码：_____

_____年____月____日

注：1. 法定代表人和委托代理人必须在授权书上亲笔签名，不得使用印章、签名章或其他电子制版签名；
2. 在授权委托书后应附有公证机关出具的加盖钢印、单位章并盖有公证员签名章的公证书，钢印应清晰可辨，同时公证内容完全满足资格预审文件规定；
3. 公证书出具的日期与授权书出具的日期同日或在其之后；
4. 以联合体形式投标的，本授权委托书应由联合体牵头人的法定代表人按上述规定签署并公证。

---

① 如果由申请人的法定代表人亲自签署资格预审申请文件，则不需提交授权委托书，但需对法定代表人身份证明中法定代表人的签名、申请人的单位章的真实性进行公证。

3. 联合体协议书

_____（所有成员单位名称）自愿组成联合体，共同参加云南省_____（项目名称）政府和社会资本合作（PPP）招标资格预审和投标。现就联合体投标事宜订立如下协议。

（1）_____（某成员单位名称）为牵头人。

（2）联合体牵头人合法代表联合体各成员负责本项目政府和社会资本合作（PPP）招标项目资格预审申请文件、投标文件编制和合同谈判活动，代表联合体提交和接收相关的资料、信息及指示，处理与之有关的一切事务，并负责合同实施阶段的主办、组织和协调工作。

（3）联合体将严格按照资格预审文件和招标文件的各项要求，递交资格预审申请文件和投标文件，履行合同，并对外承担连带责任。

（4）联合体牵头人代表联合体签署资格预审申请文件和投标文件，联合体牵头人的所有承诺均认为代表了联合体各成员。

（5）联合体各成员单位内部的职责分工如下：（牵头人名称）承担_____，占总出资额的_____%；（成员一名称）承担_____，占总出资额的_____%……

（6）资格预审申请工作、投标工作和联合体在中标后实施过程中的有关费用按各自承担的工作量分摊。

（7）本协议书自签署之日起生效，合同履行完毕后自动失效。

（8）本协议书一式_____份，联合体成员和招标人各执一份。

牵头人名称：_____（盖单位章）
法定代表人：_____（签字）
成员一名称：_____（盖单位章）
法定代表人：_____（签字）
成员二名称：_____（盖单位章）
法定代表人：_____（签字）
……

_____年_____月_____日

4. 申请文件附表格式

表1　申请人基本情况表

申请人名称				
注册地址			邮政编码	
联系方式	联系人		电话	
	传　真		电子邮件	
法定代表人	姓名		电话	
成立时间			员工总人数	
营业执照号			企业类型	
注册资本			总资产	
净资产			银行资信等级	
基本账户开户银行				
基本账户账号				
经营范围				
股东构成情况				
投资参股的关联企业情况	包括投资参股企业名称、投资参股份额、业务范围等			
备注				

注：1. 在本表后应附申请人营业执照副本(全本)的复印件、基本账户开户许可证的复印件、银行资信等级副本的复印件(如有)、勘察设计资质副本(全本)的复印件(如有)、施工资质副本(全本)的复印件(如有)。上述所有执照、证书复印件均应加盖申请人单位章。
2. 在本表后应附申请人企业情况的简介。
3. 以上资料以最近一年度数据为准。
4. 以联合体形式投标的，联合体各成员应分别填写。

表 2 组织机构框图

叙述或附图表示申请人的组织机构,母公司和子公司关系(如有),公司法定代表人和主要高管人员姓名。

注:以联合体形式投标的,联合体各成员应分别填写。

表3 财 务 状 况 表

项 目 或 指 标	单 位	__年	__年	……
一、注册资本	万元			
二、净资产	万元			
三、长期投资	万元			
四、总资产	万元			
五、固定资产	万元			
六、流动资产	万元			
其中:1.货币资金	万元			
2.应收账款	万元			
3.预付账款	万元			
4.其他应收款	万元			
5.存货	万元			
七、速动资产	万元			
八、流动负债合计	万元			
其中:1.短期借款	万元			
2.预收及应付款	万元			
九、负债合计	万元			
十、营业收入	万元			
十一、净利润	万元			
十二、现金流量净额	万元			
其中:1.经营活动产生的现金流量净额	万元			
2.投资活动产生的现金流量净额	万元			
3.筹资活动产生的现金流量净额	万元			
十三、主要财务指标				
1.净资产收益率	%			
2.总资产报酬率	%			
3.主营业务利润率	%			

续上表

项 目 或 指 标	单 位	___年	___年	……
4.流动资产周转率	%			
5.流动比率	%			
6.资产负债率	%			
7.速动比率	%			

注:1.本表后应附:

  a.申请人_____年度注册资本、净资产、长期投资以及担保事项证明文件。

  b.近_____年经会计师事务所或审计机构审计的财务会计报表,包括资产负债表、现金流量表、利润表和财务情况说明书的复印件,并在复印件上加盖会计师事务所或审计机构的单位章。

2.本表所列数据必须与本表各附件中的数据相一致。

3.以联合体形式投标的,联合体各成员应分别填写。

表4 投融资能力表(资金筹措方案)

申请人应在此分别提供项目资本金和其余建设资金的筹措方案,包括到位计划、额度、来源、证明材料。

注:1. 投融资能力证明材料可采用本资格预审文件提供的表4-1至表4-4格式,也可采用其他有效证明文件格式。
2. 以联合体形式投标的,联合体各成员应分别填写并提供证明材料。

表 4-1 投资能力表(银行授信额度或存款证明)

申请人可在此提供:
1. _____年至_____年银行授信额度材料;或者
2. 银行存款证明(按下述格式出具)。

银行存款证明

致:<u>招标人名称</u>

　　鉴于_____(申请人单位名称与地址)对_____项目合作伙伴招标提出投标,我行兹证明:该企业____年至____年在我行的平均年末存款为人民币(或其他币种)_____亿元。

银行地址:_____	银　　　行:(全称)(盖单位章)
邮政编码:_____	法定代表人或
电　　话:_____	其授权的代理人:(职务)(姓名)
传　　真:_____	(签字)
	日　　期:____年____月____日

注:以联合体形式投标的,联合体各成员应分别填写。

表4-2 融资能力表(针对本项目的银行贷款意向书)

本表后附已与投标人就参与本PPP项目银行提供的银行贷款意向书,包括但不限于政策性、开发性银行、股份制商业银行等。

注:以联合体形式投标的,联合体各成员应分别填写。

表 4-3 融资能力表（针对本项目的其他融资方案）

本表后附已与投标人就参与本 PPP 项目的其他融资方案，包括但不限于：产业基金、引入战略投资者、私募基金、项目收益债、公司债券、非金融企业债务融资工具等。

注：以联合体形式投标的，联合体各成员应分别填写。

表4-4 融资能力表(合作金融机构)

1. 本表后附已与投标人就参与本PPP项目的合作金融机构简介及营业执照等资料。
2. 投标人与合作金融机构签署的合作协议、合作备忘录或合作意向性协议。

注:以联合体形式投标的,联合体各成员应分别填写。

表5 目前对外投资项目表

申请人应在此提供目前对外投资项目详细清单,并说明相关项目情况;此外,对上述投资项目中是否存在不良经营状况、重大债权、债务纠纷、重大诉讼或严重违约等情况做出说明。

注:以联合体形式投标的,联合体各成员应分别填写。

表6 商 业 信 誉 表

参照申请人须知前附表附录4所规定的内容,详细说明申请人的商业信誉情况。

注:以联合体形式投标的,联合体各成员应分别填写。

表7 申请人具备的大型基础设施建设项目的投融资经验表

项目名称				
参与方式	（主持、参与）			
项目规模	项目种类	技术指标		投资额(万元)
融资方式	1.自筹	2.国家补助	3.银行贷款	4.其他
	万元	万元	万元	万元
项目情况说明				
相关附件清单	（列出针对本项目申请人所附的附件清单）			

注：1. 申请人应详细说明曾独立承担或主持（作为联合体牵头人）或参与过的大型基础设施建设项目投融资的实施情况，并附有关证明文件等。
2. 上述项目可以是申请人单独投资完成的项目，也可以是以股东身份参股的投资项目。
3. 本表所述大型项目是指投资额在____亿元人民币以上的项目。
4. 以联合体形式投标的，联合体各成员应分别填写。

表8 申请人曾承担过的类似公路项目表
（投融资、建设或运营管理）

申请人应对曾独立承担或主持（作为联合体牵头人）或参与过项目投融资、建设或运营管理的类似公路项目进行详细说明，包括：

1. 项目名称，主管机构名称及联系方式。
2. 项目情况简介：公路等级、里程长度、建设工期、工程总投资、主要工程内容等。
3. 请说明申请人在该项目中承担哪一部分（合同段）任务，承担何种任务（投融资、建设或运营管理），是独立承担或是主持（作为联合体牵头人）还是与其他单位合作完成。
4. 申请人应随本表提供与各项目主管机构签署的合同协议书及该机构对申请人履行合同的证明文件或其他证明资料复印件。

注：1. 本表"类似公路项目"指与本项目相比同等级或以上等级公路项目，或者同等类型的公路项目。
2. 以联合体形式投标的，联合体各成员应分别填写。

表9 项目公司股权构架图

附图表示拟组建项目公司的股权构架。

表10　拟在项目公司任职的主要人员表

拟任职务	姓　名	资格、经验及现任职务简述
总经理		
副总经理		
总工程师		
财务负责人		
……		
……		
……		

注：本表中还应填入拟在项目公司任职的其他主要人员，可包括工程、合约、融资、协调、物资供应等主管人员。

5. 其他资料

1. 申请人拟自行施工、提供货物、提供勘察设计服务的,应在此提供满足要求的证明材料,包括:(资质、业绩证明材料、人员资格证件及资料等);
2. 申请人认为必要的其他资料;
3. 申请人收到的澄清、修改通知(补遗书)及确认函。

第五章 项目基础资料(另册)

附：资格预审流程图

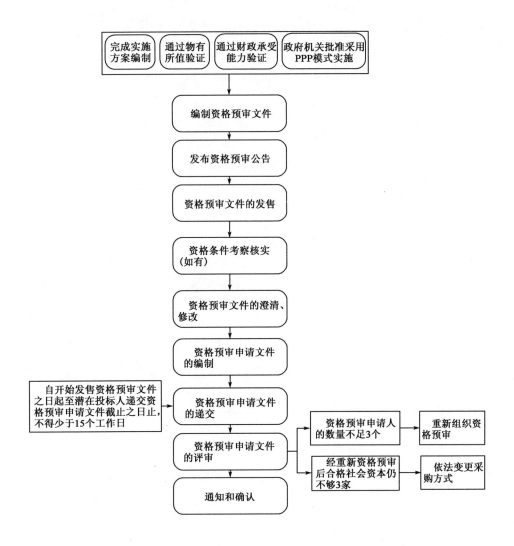